Nourriture délicieuse
Livre de Coloriage

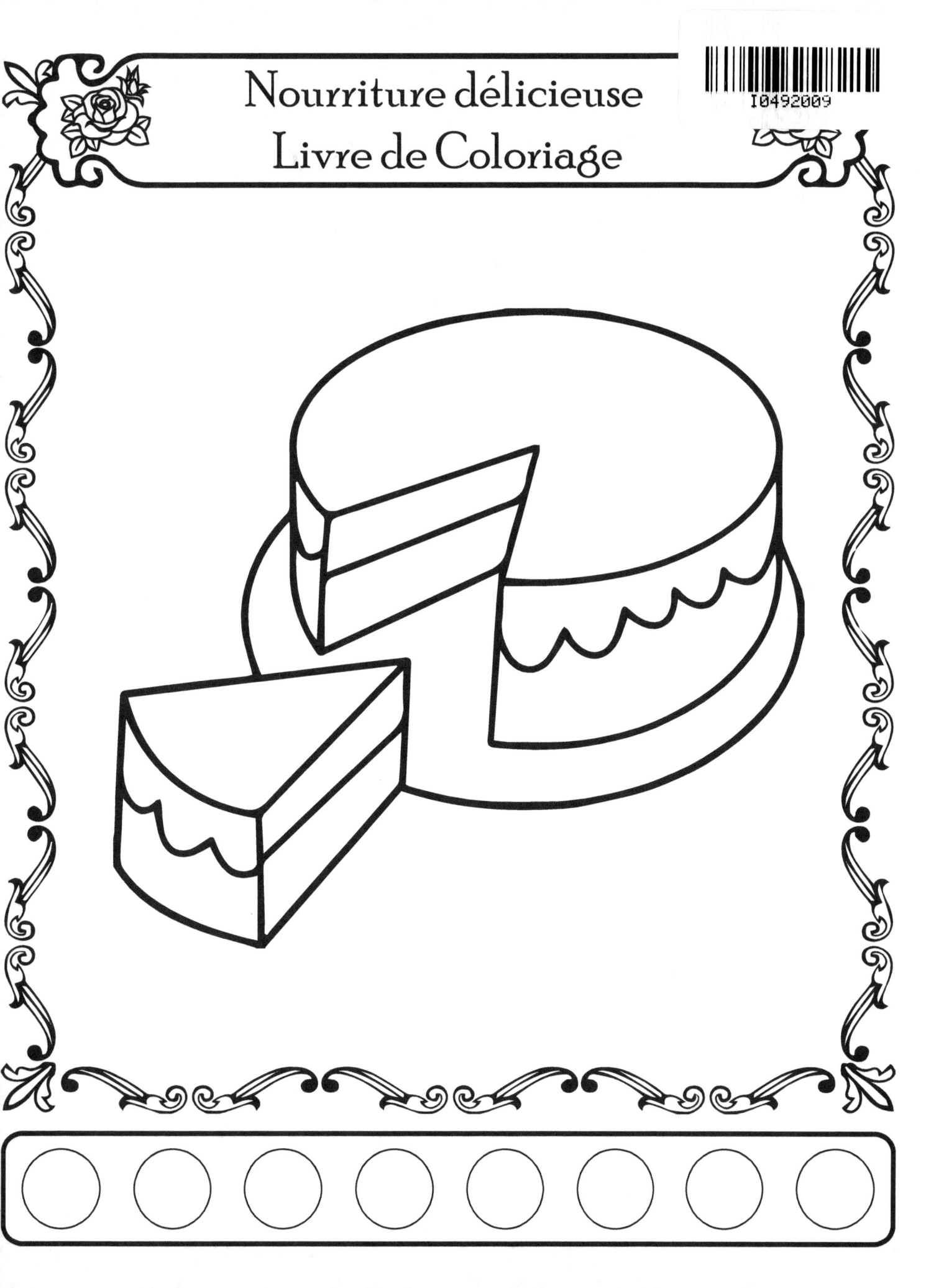

Nourriture délicieuse
Livre de Coloriage

Nourriture délicieuse
Livre de Coloriage

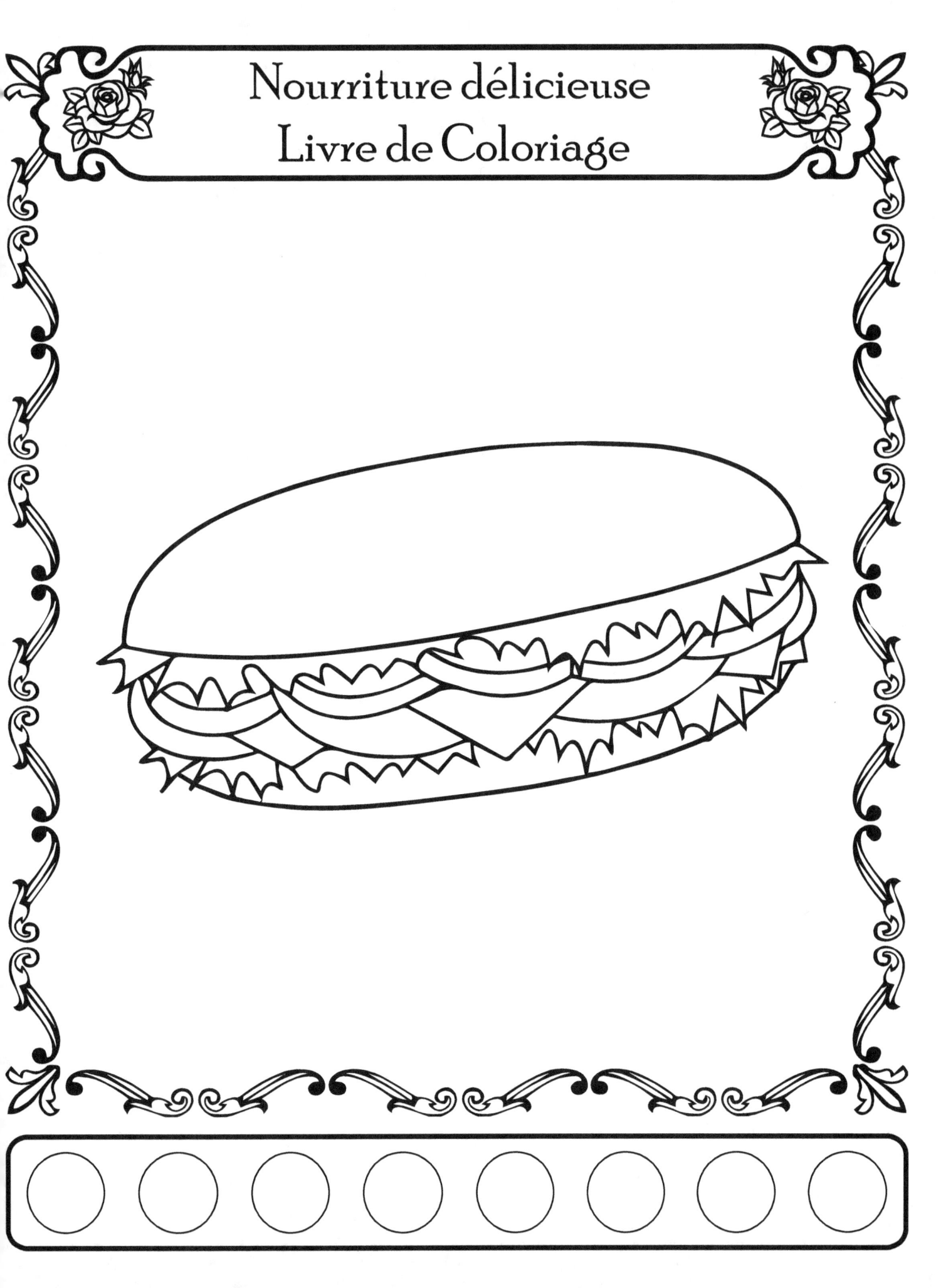

Nourriture délicieuse
Livre de Coloriage

Nourriture délicieuse
Livre de Coloriage

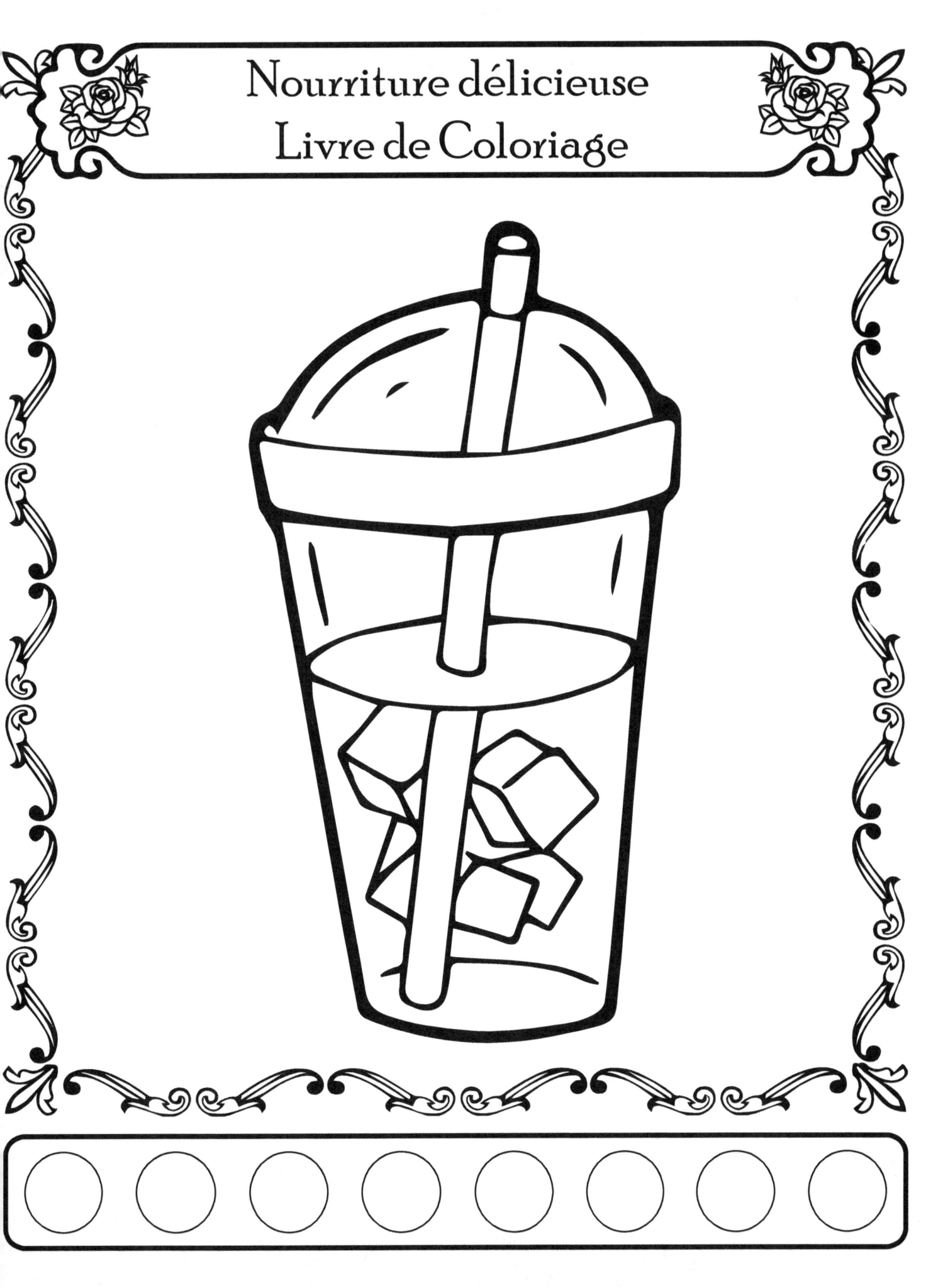

Nourriture délicieuse
Livre de Coloriage

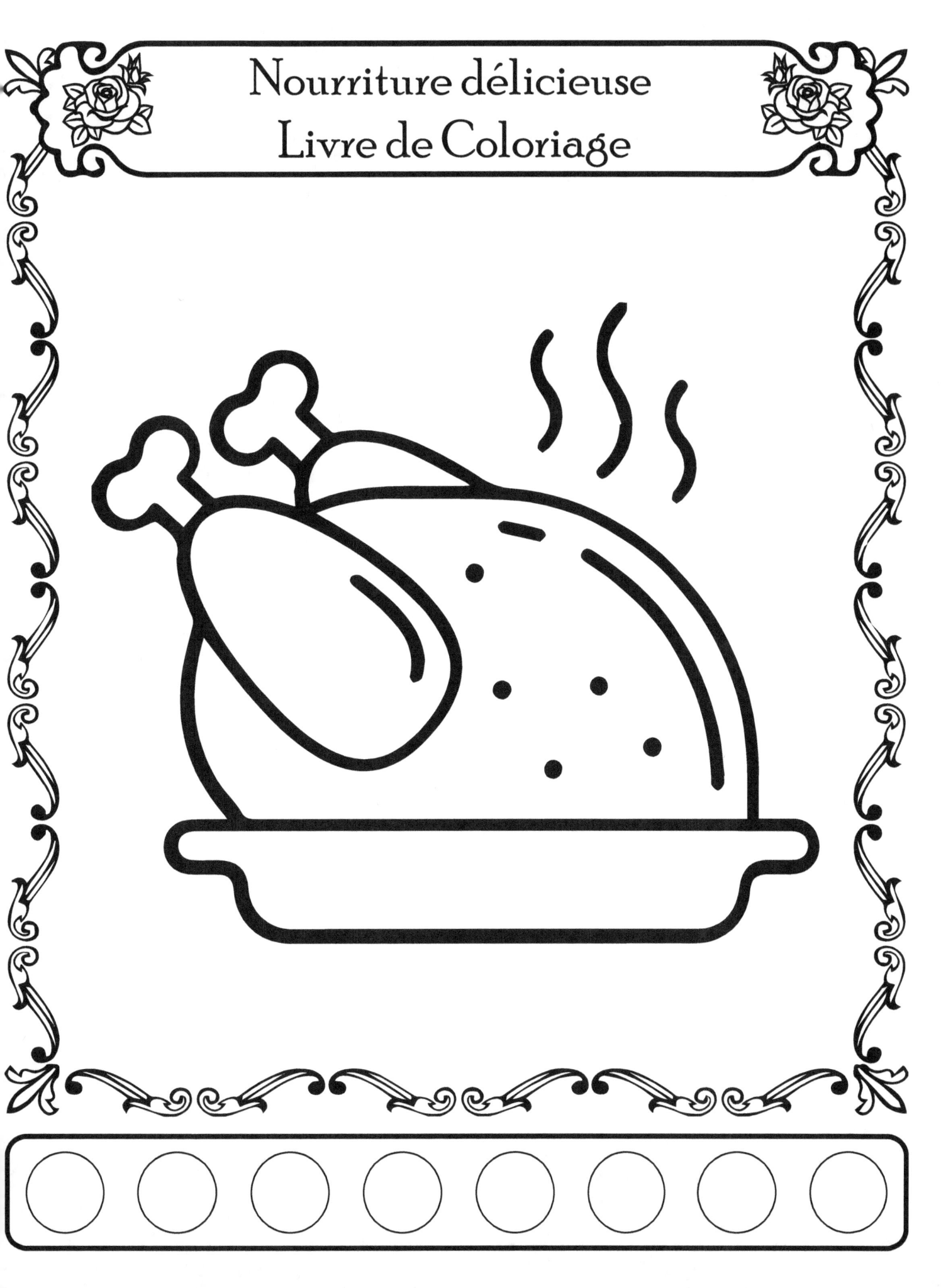

Nourriture délicieuse
Livre de Coloriage

Nourriture délicieuse
Livre de Coloriage

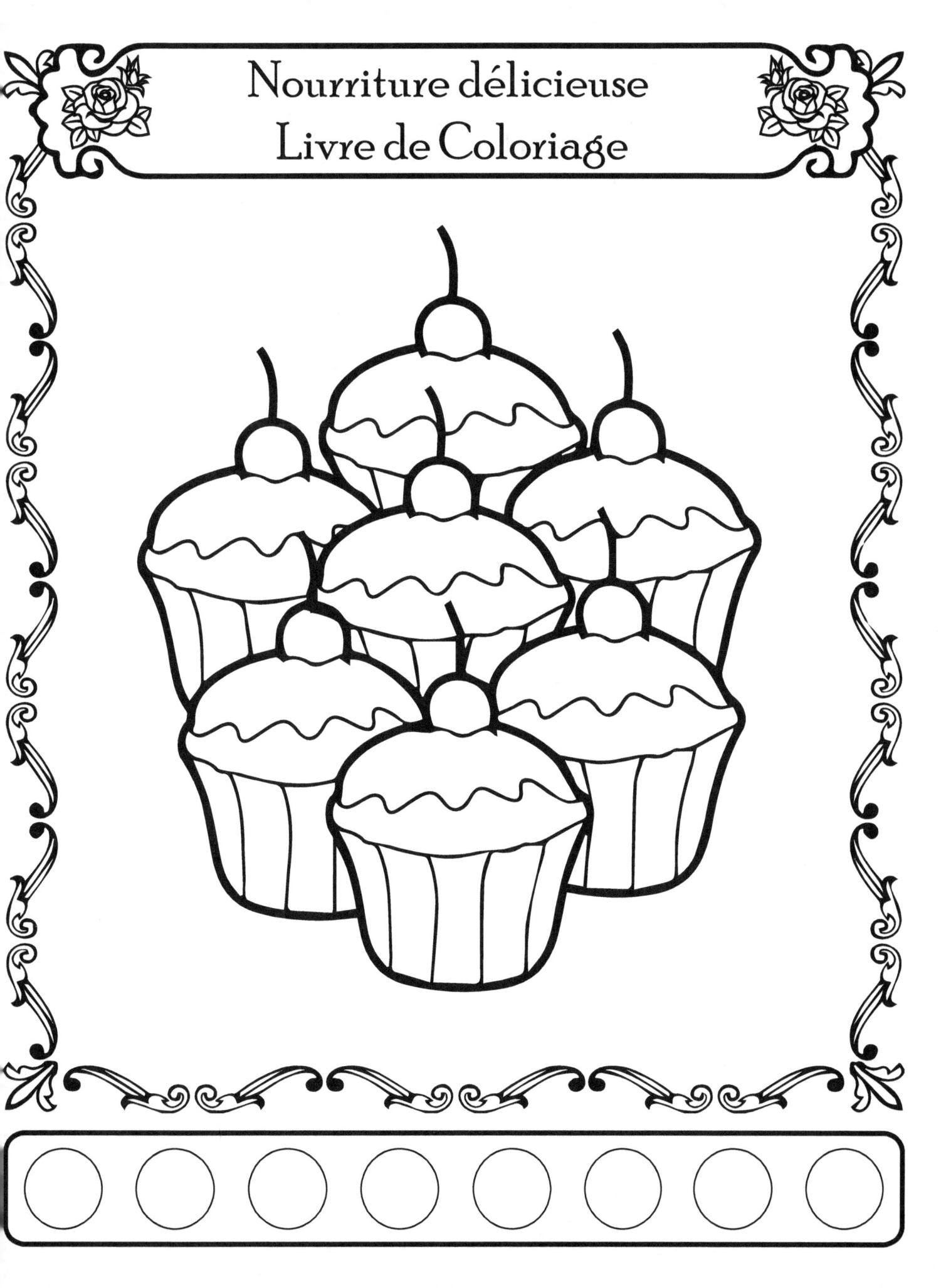

Nourriture délicieuse
Livre de Coloriage

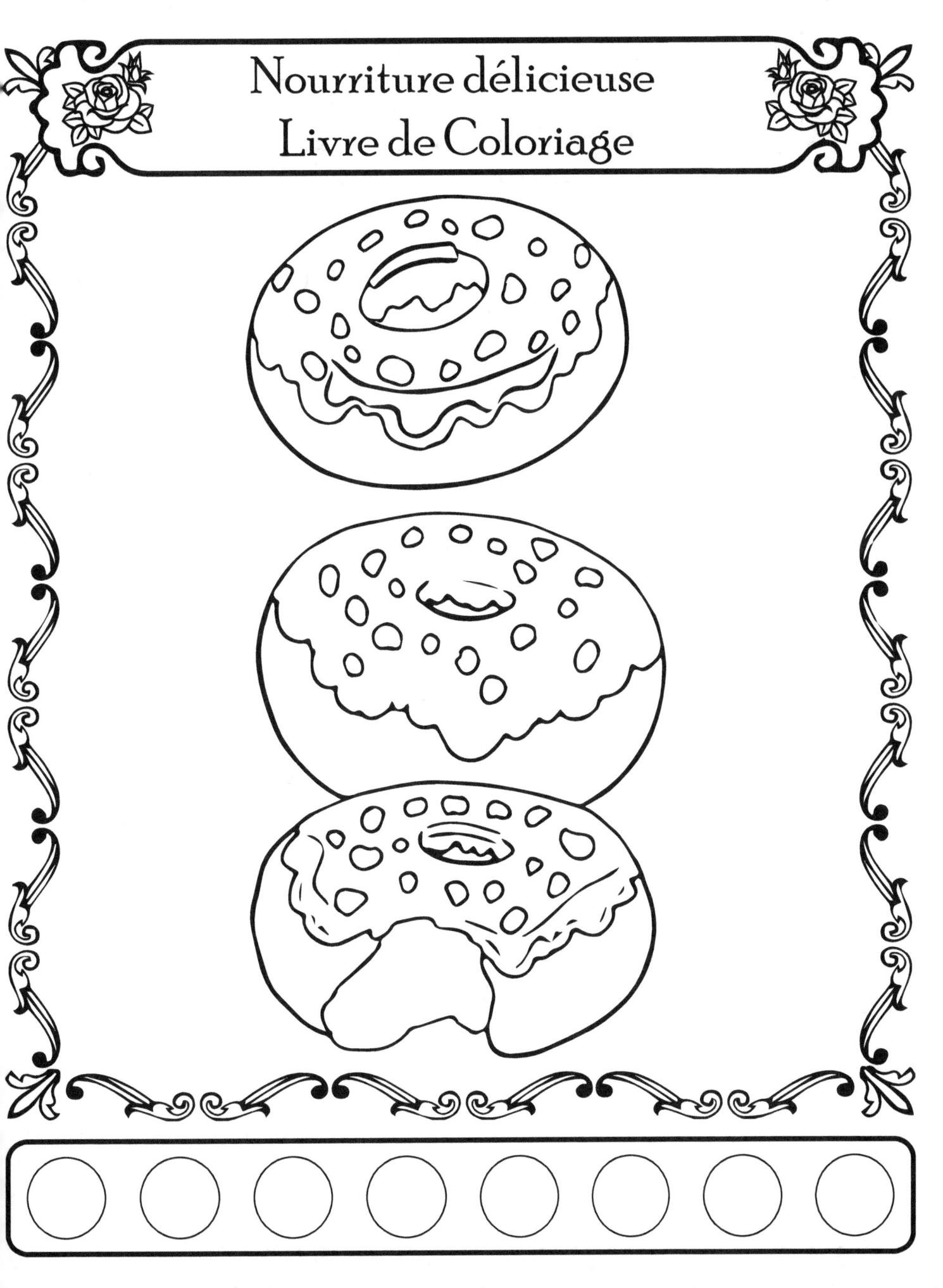

Nourriture délicieuse
Livre de Coloriage

Nourriture délicieuse
Livre de Coloriage

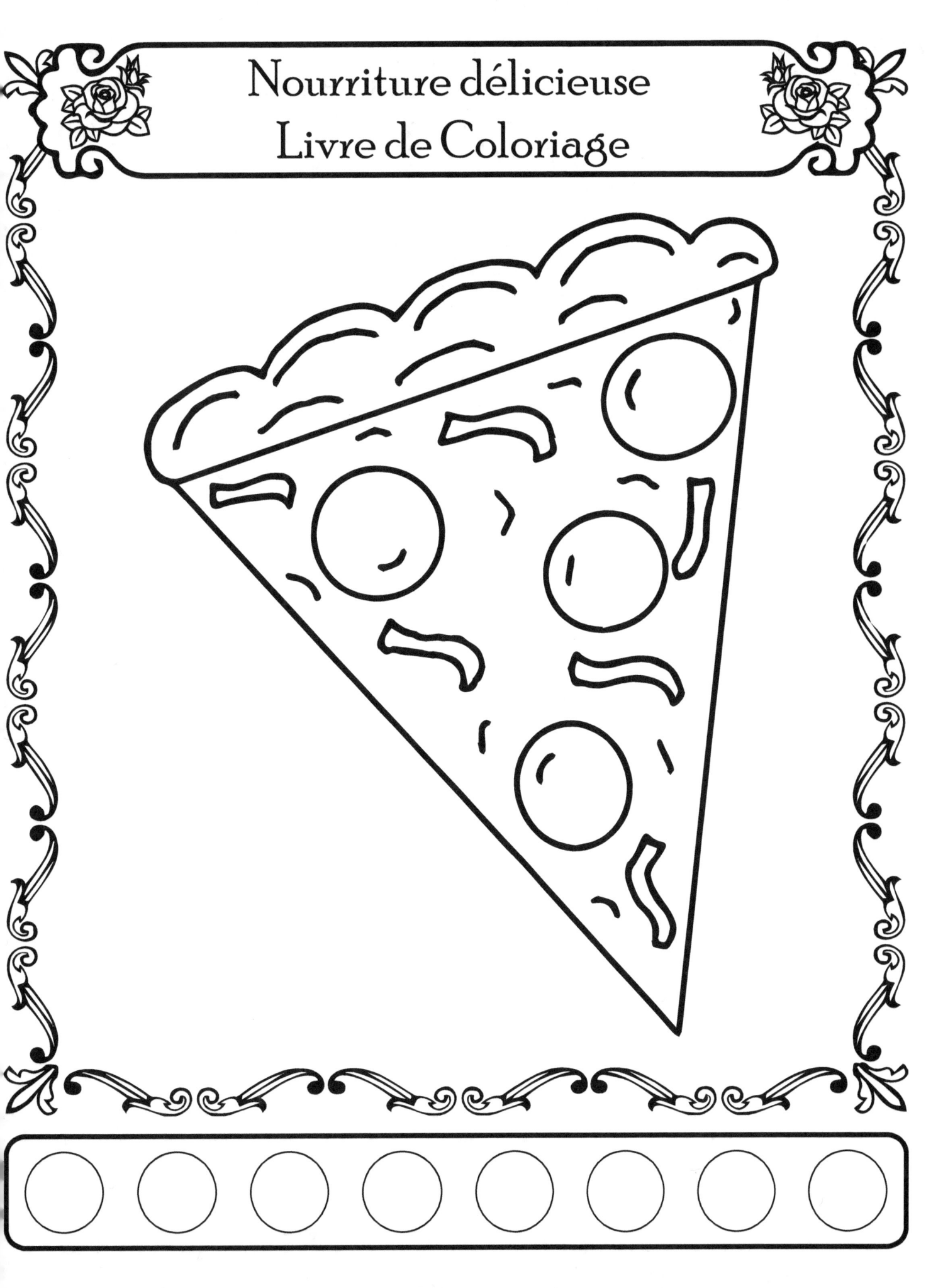

Nourriture délicieuse
Livre de Coloriage

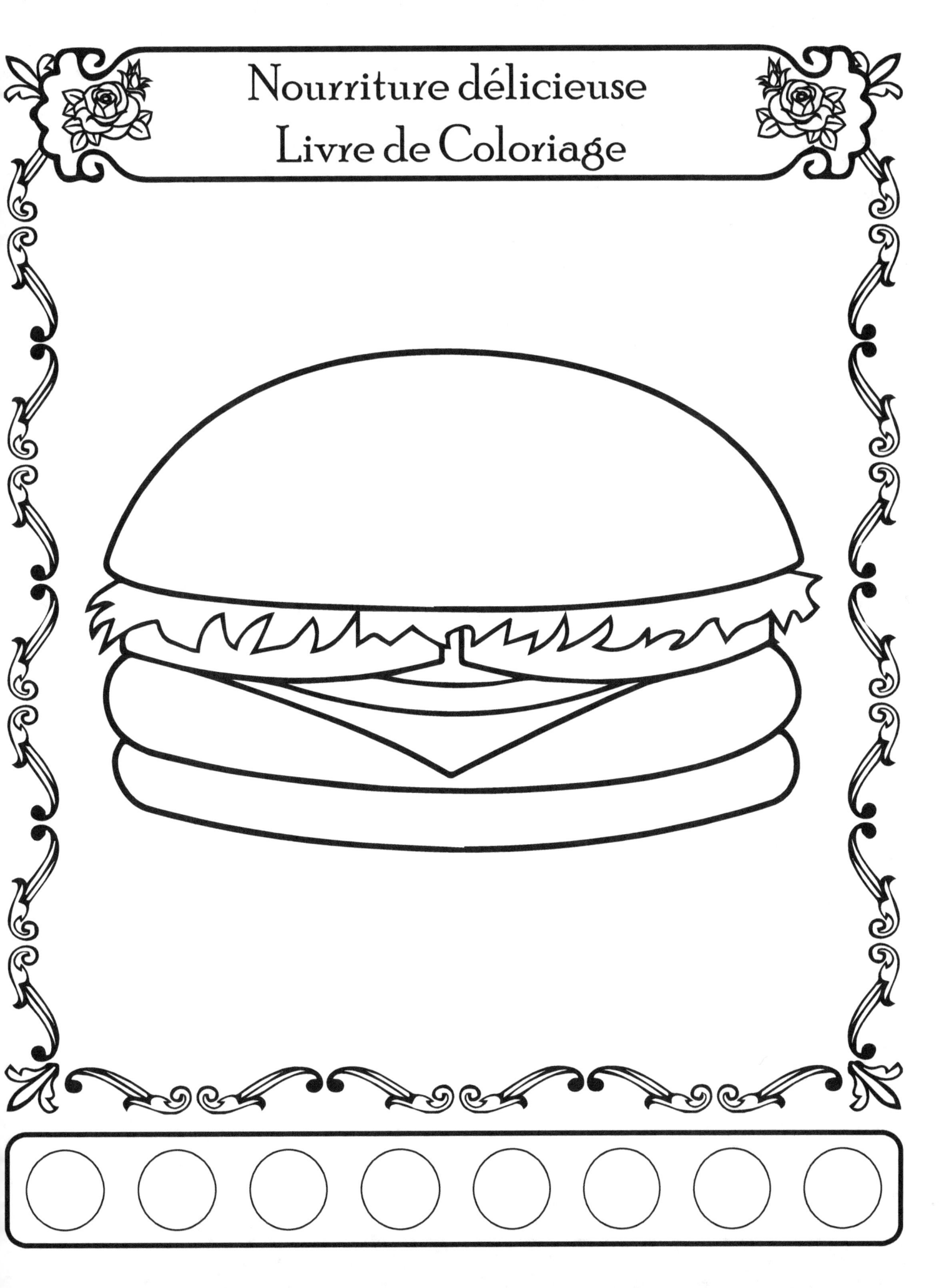

Nourriture délicieuse
Livre de Coloriage

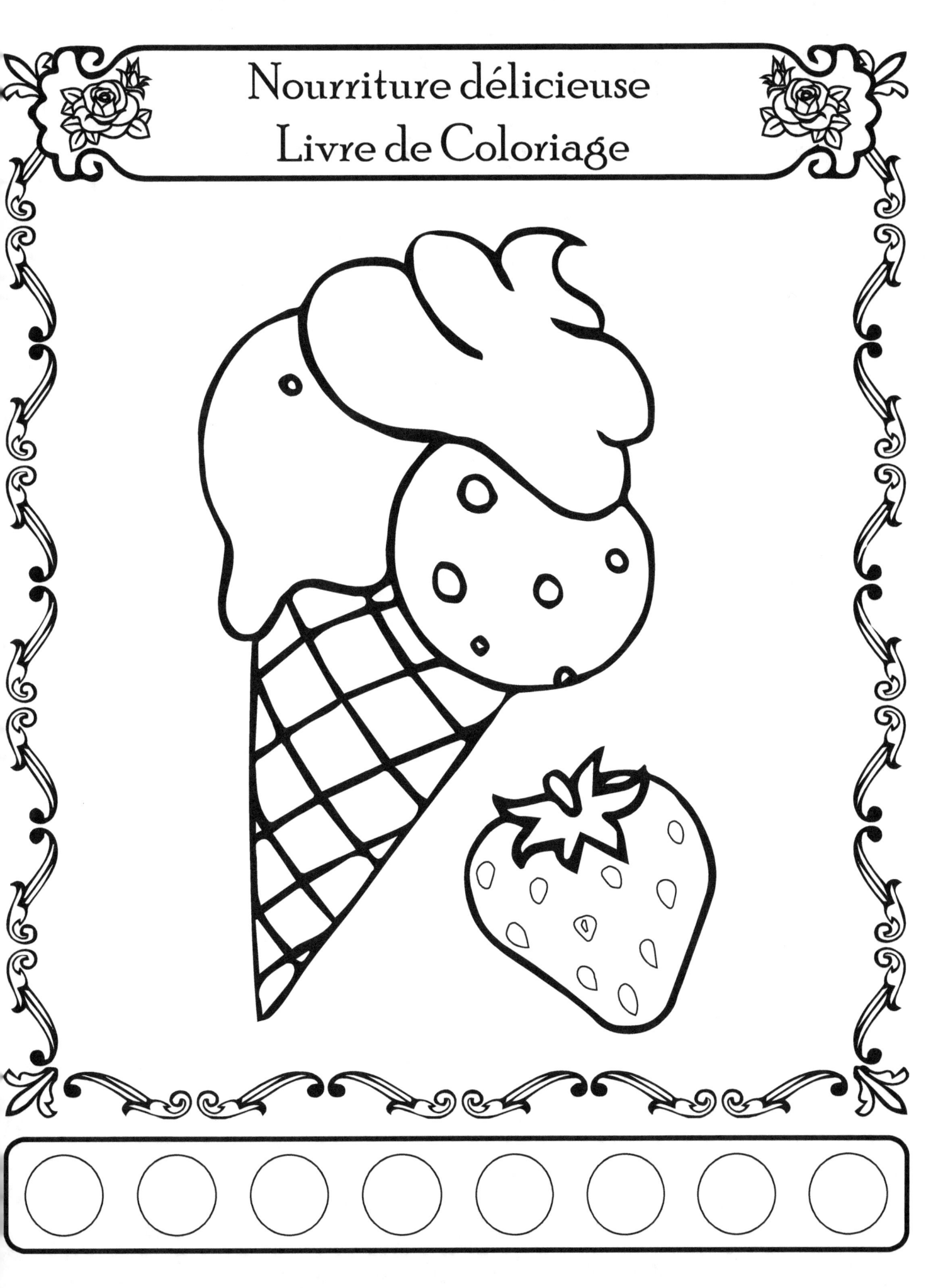

Nourriture délicieuse
Livre de Coloriage

Nourriture délicieuse
Livre de Coloriage

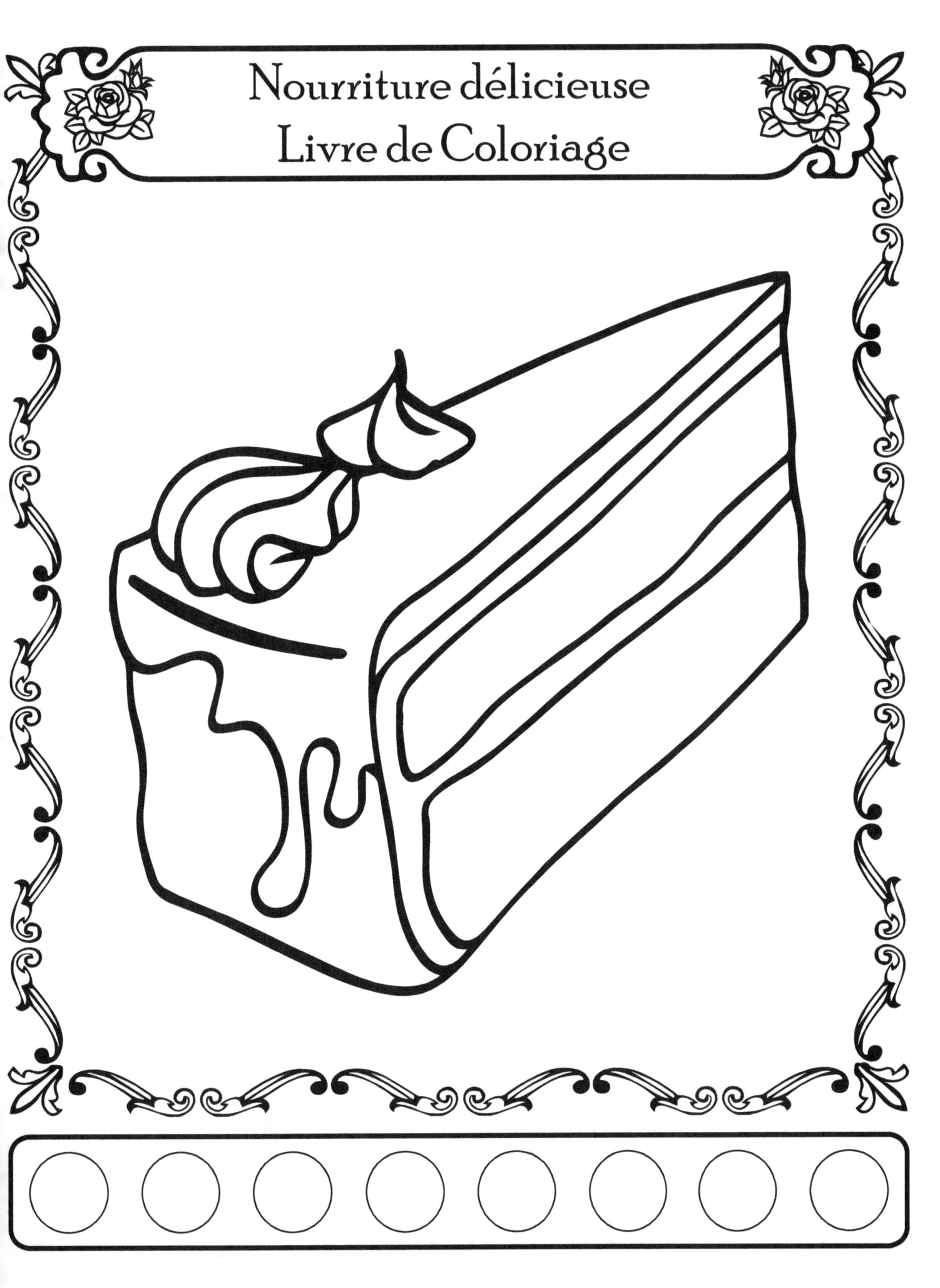

Nourriture délicieuse
Livre de Coloriage

Nourriture délicieuse
Livre de Coloriage

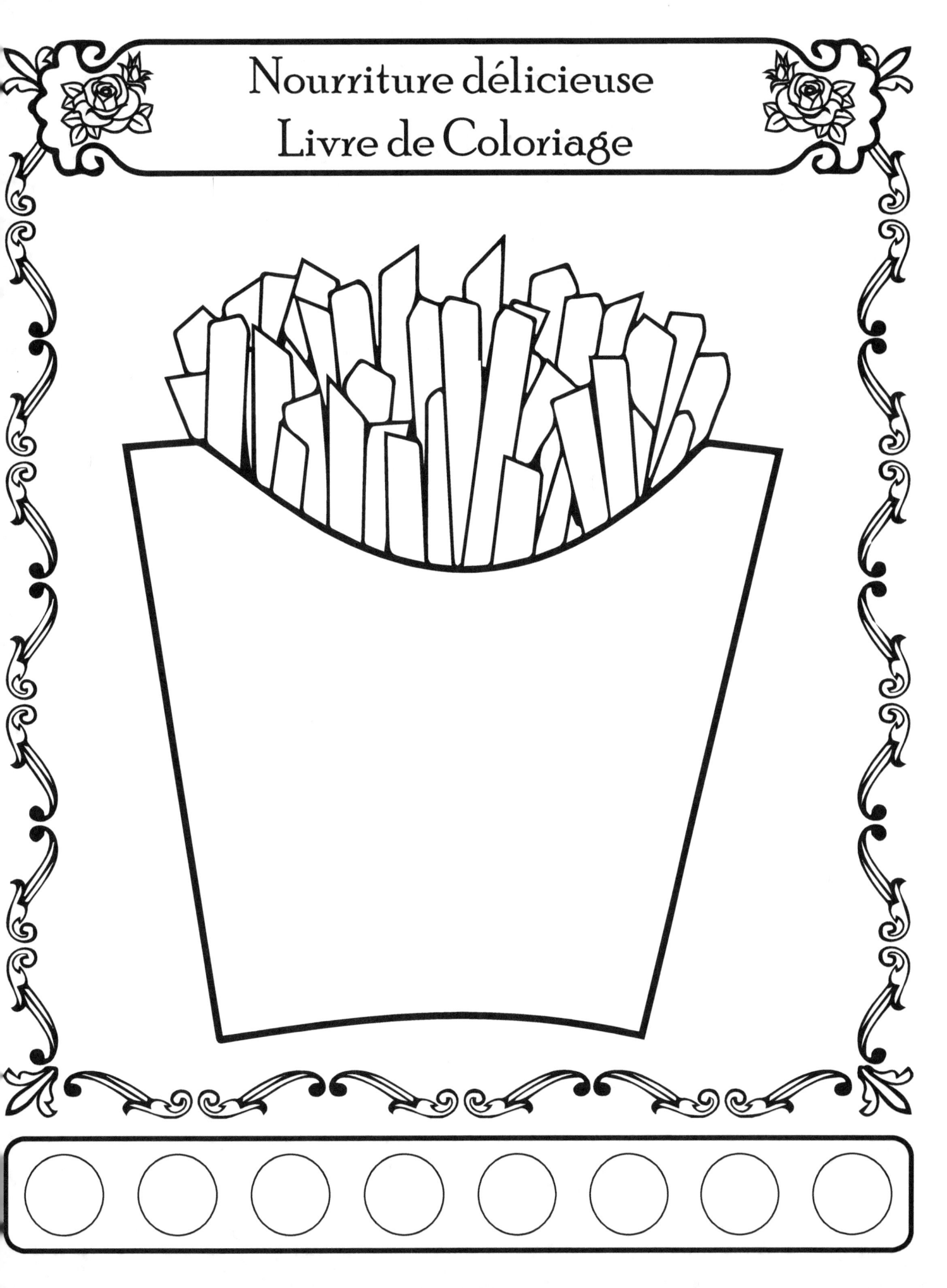

Nourriture délicieuse
Livre de Coloriage

Nourriture délicieuse
Livre de Coloriage

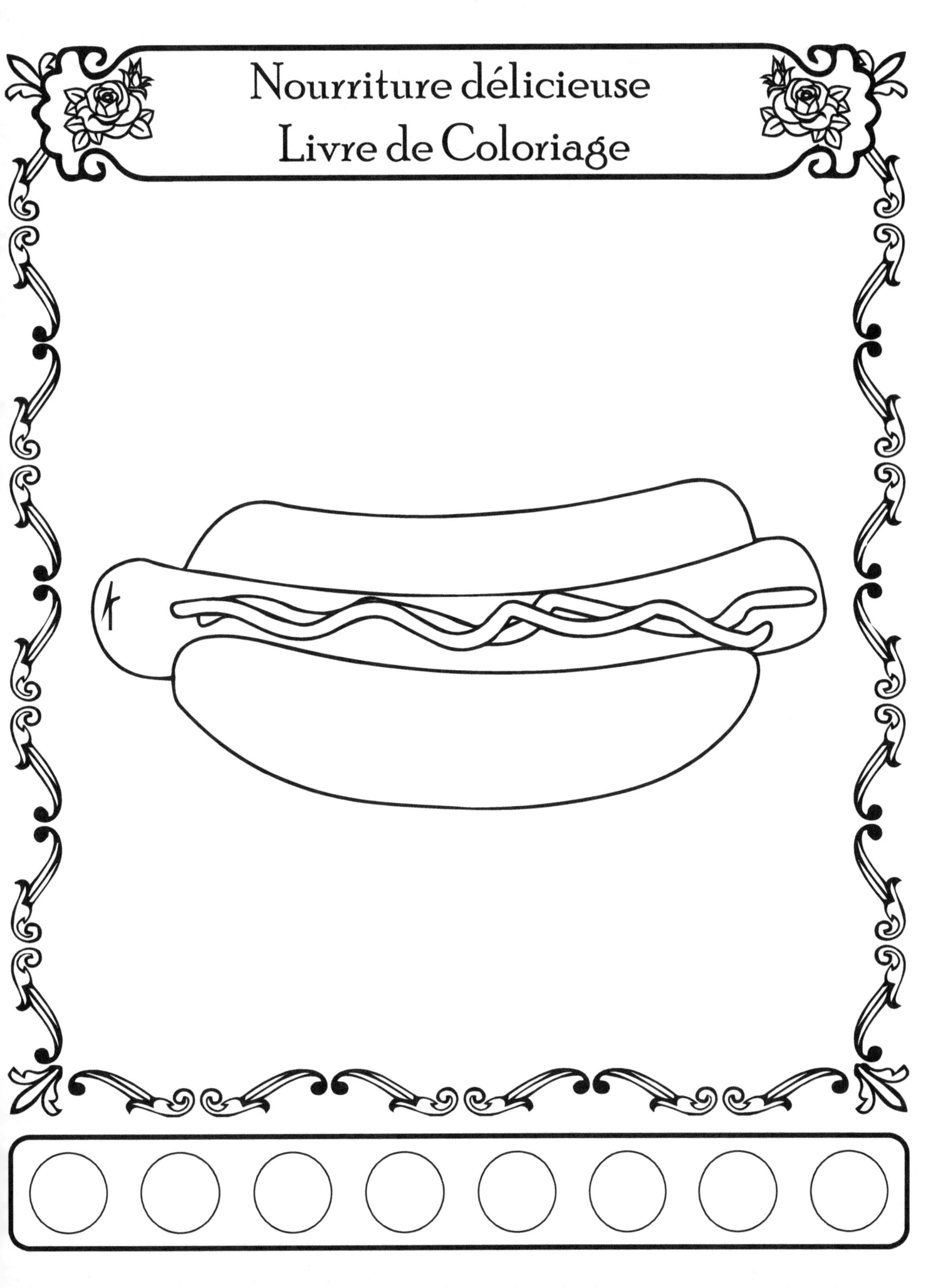

Nourriture délicieuse
Livre de Coloriage

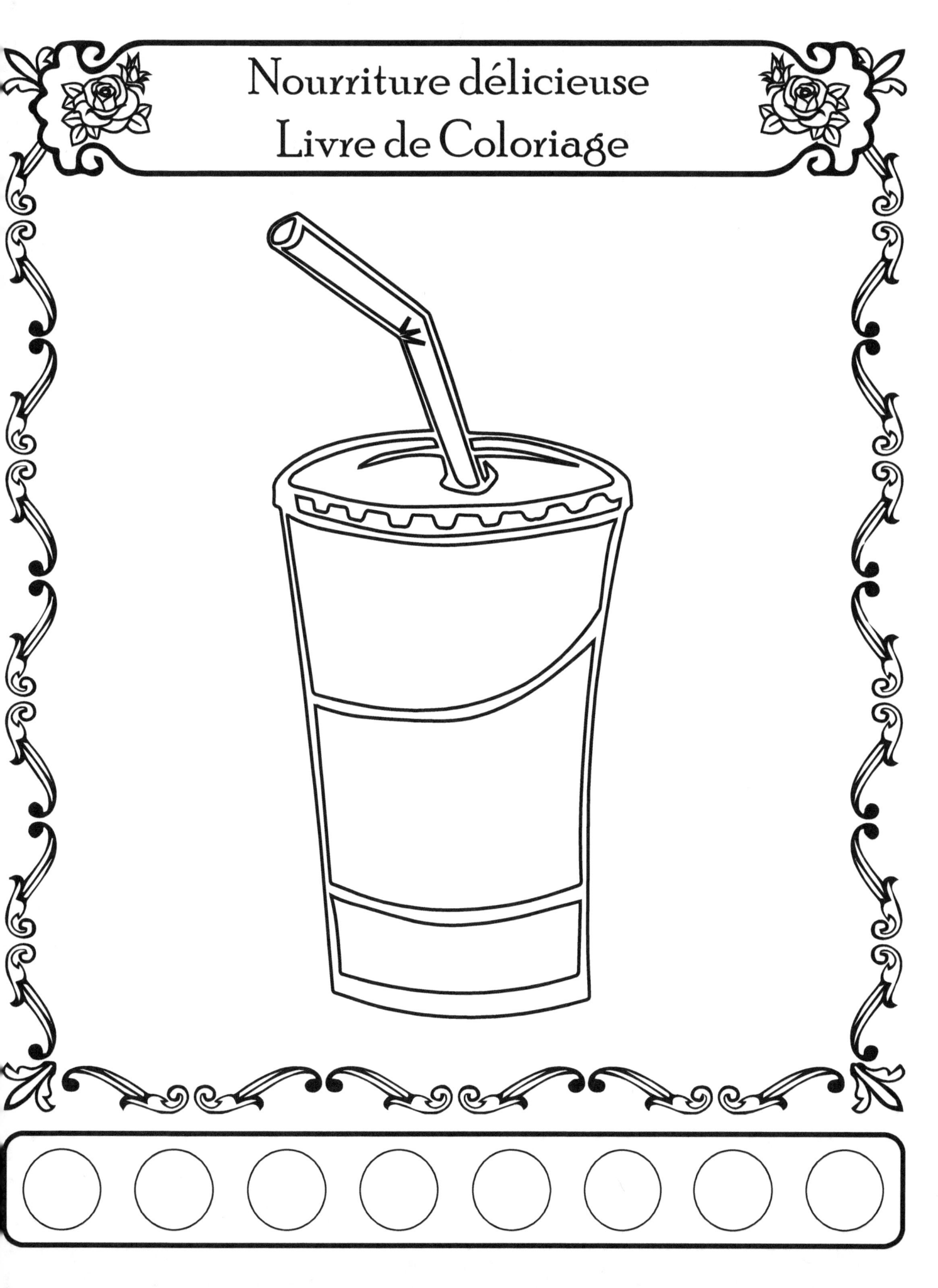

Nourriture délicieuse
Livre de Coloriage

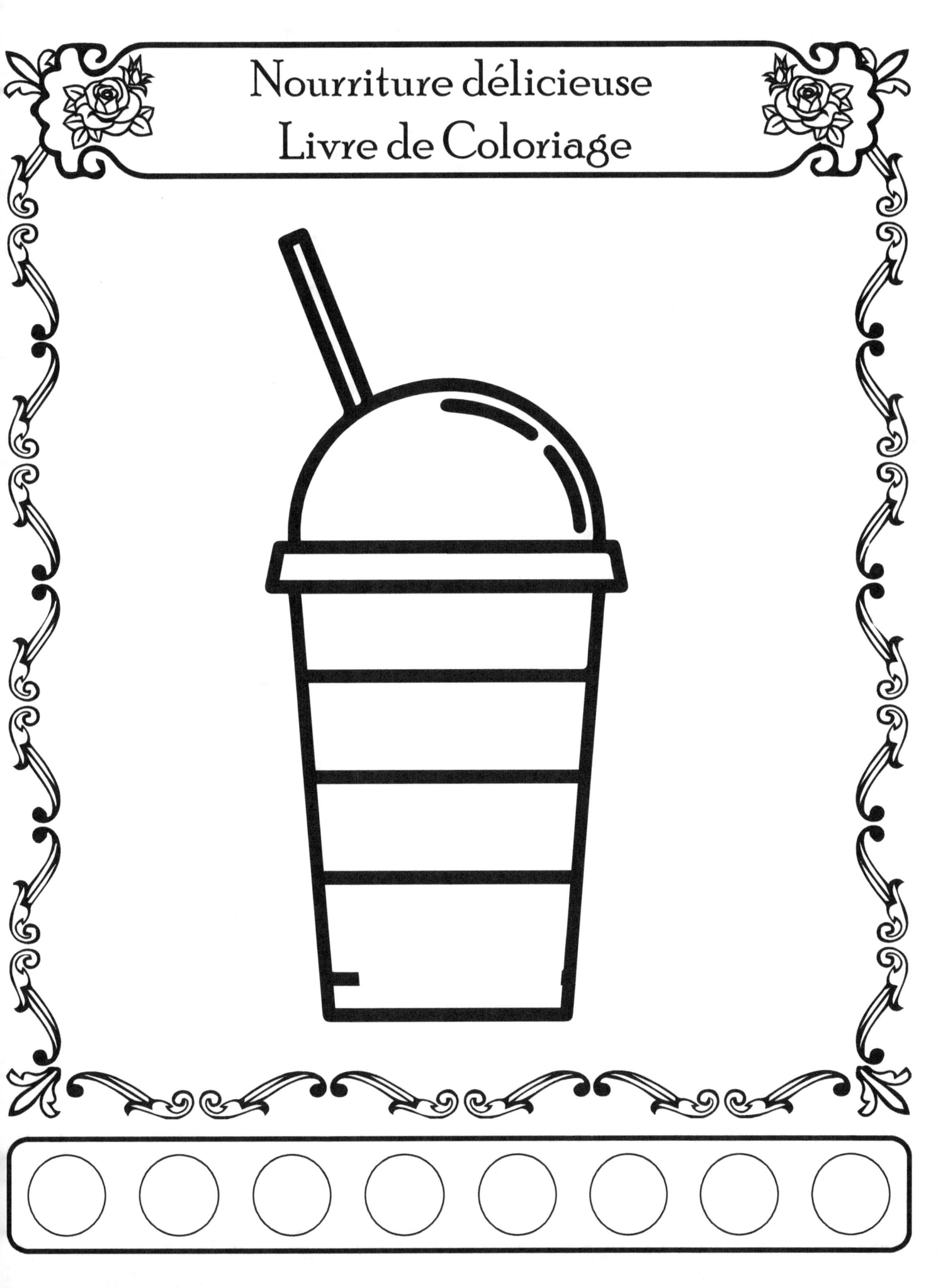

Nourriture délicieuse
Livre de Coloriage

Nourriture délicieuse
Livre de Coloriage

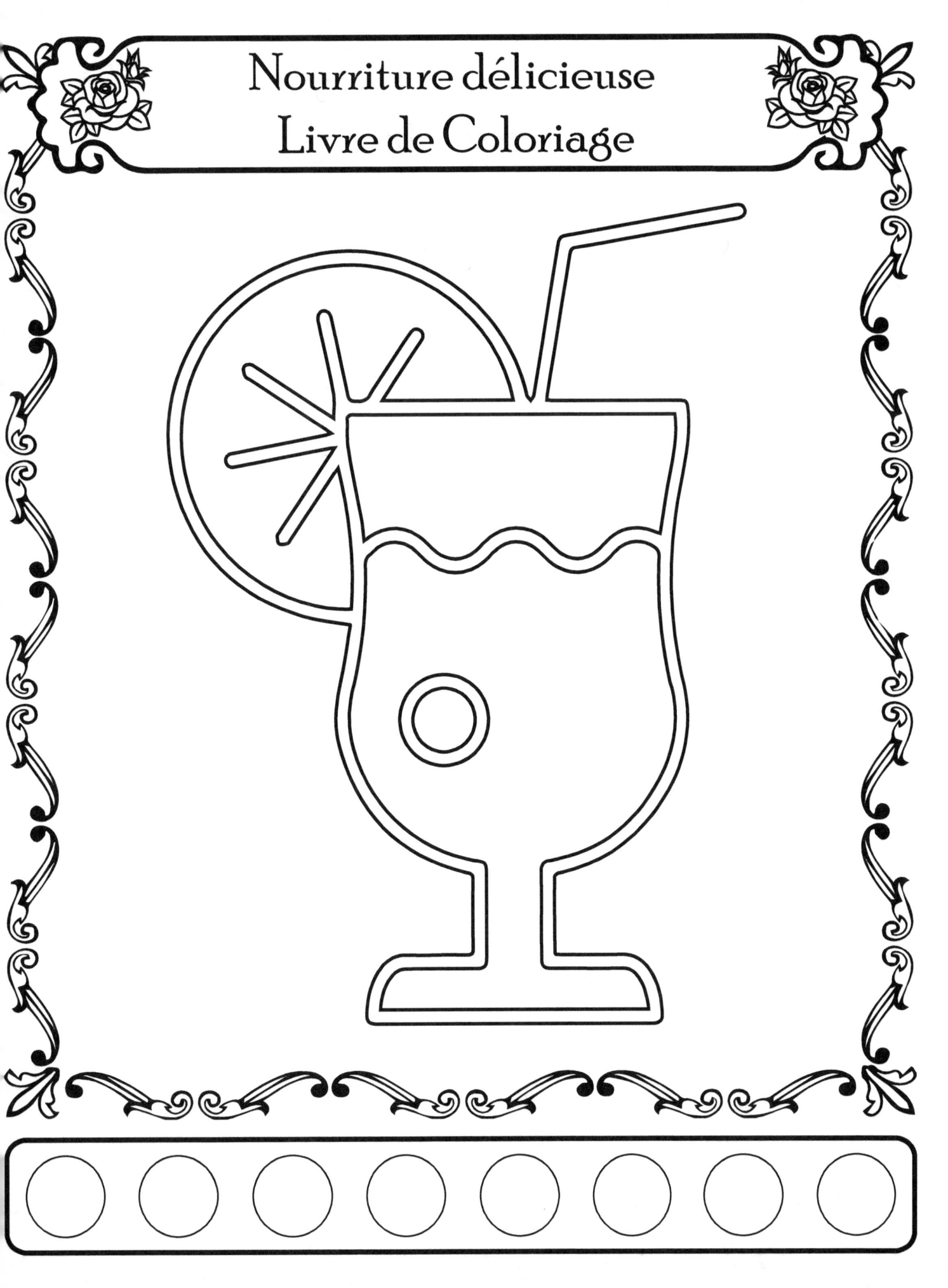

Nourriture délicieuse
Livre de Coloriage

Nourriture délicieuse
Livre de Coloriage

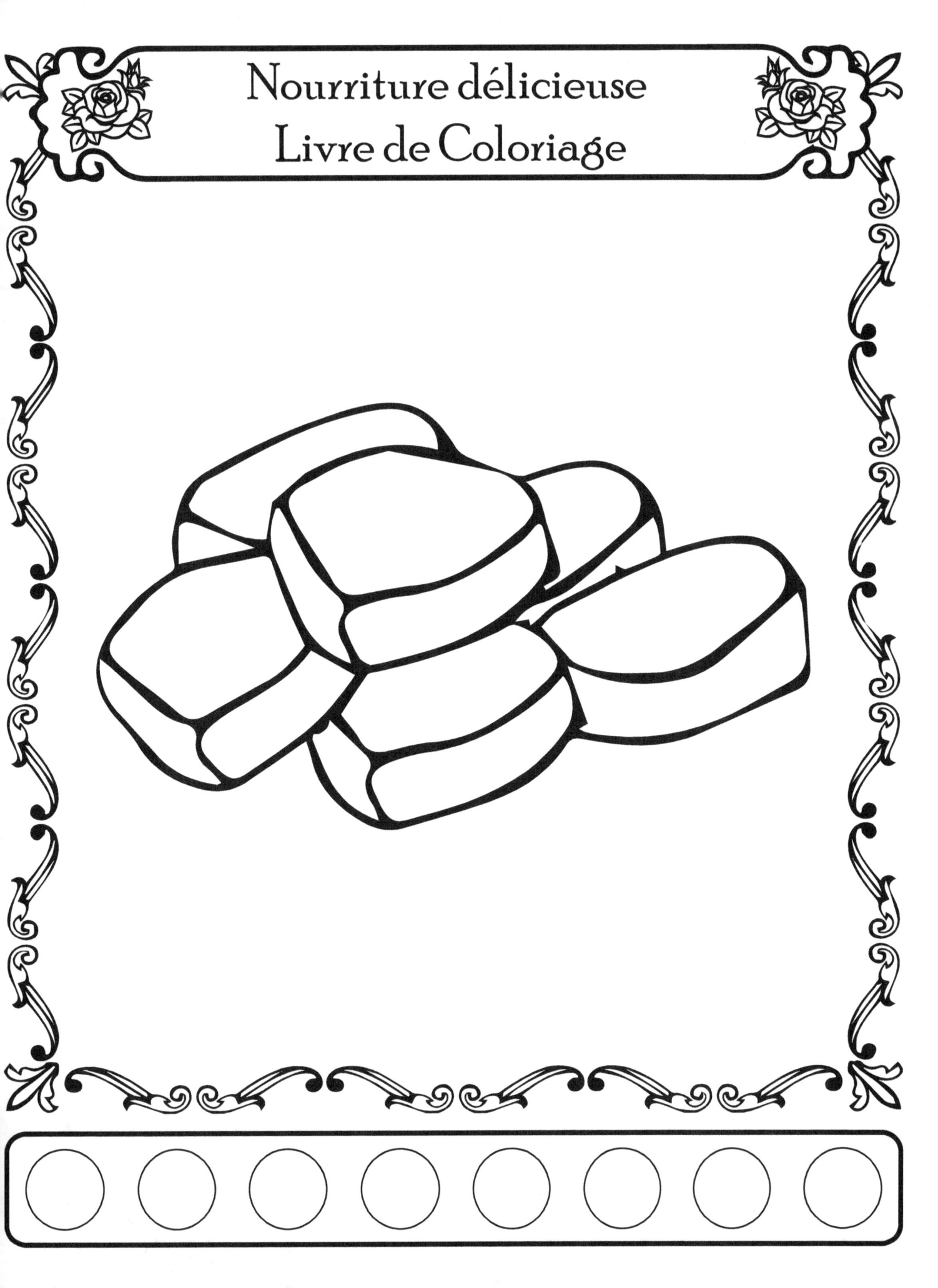

Nourriture délicieuse
Livre de Coloriage

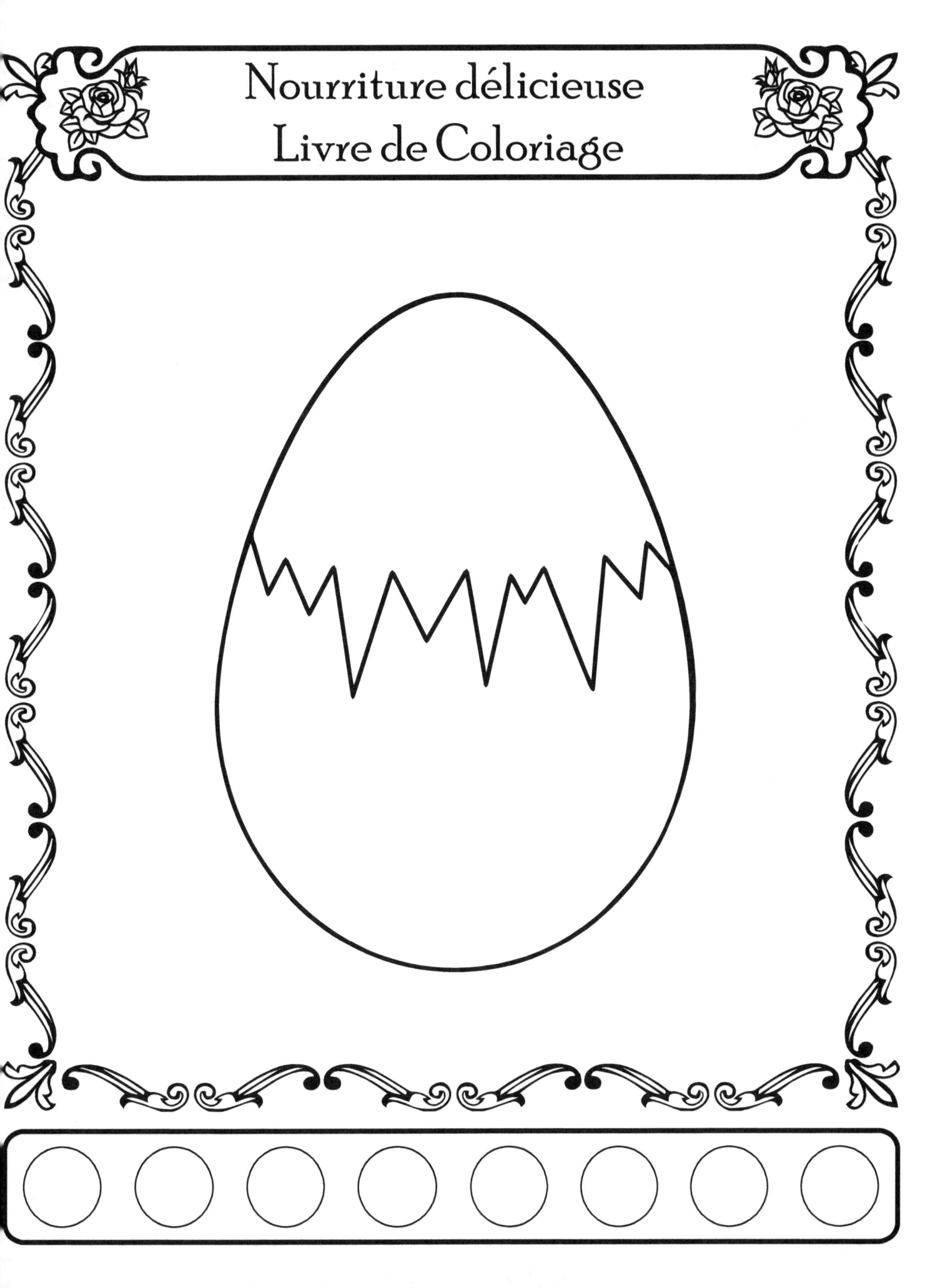

Nourriture délicieuse
Livre de Coloriage

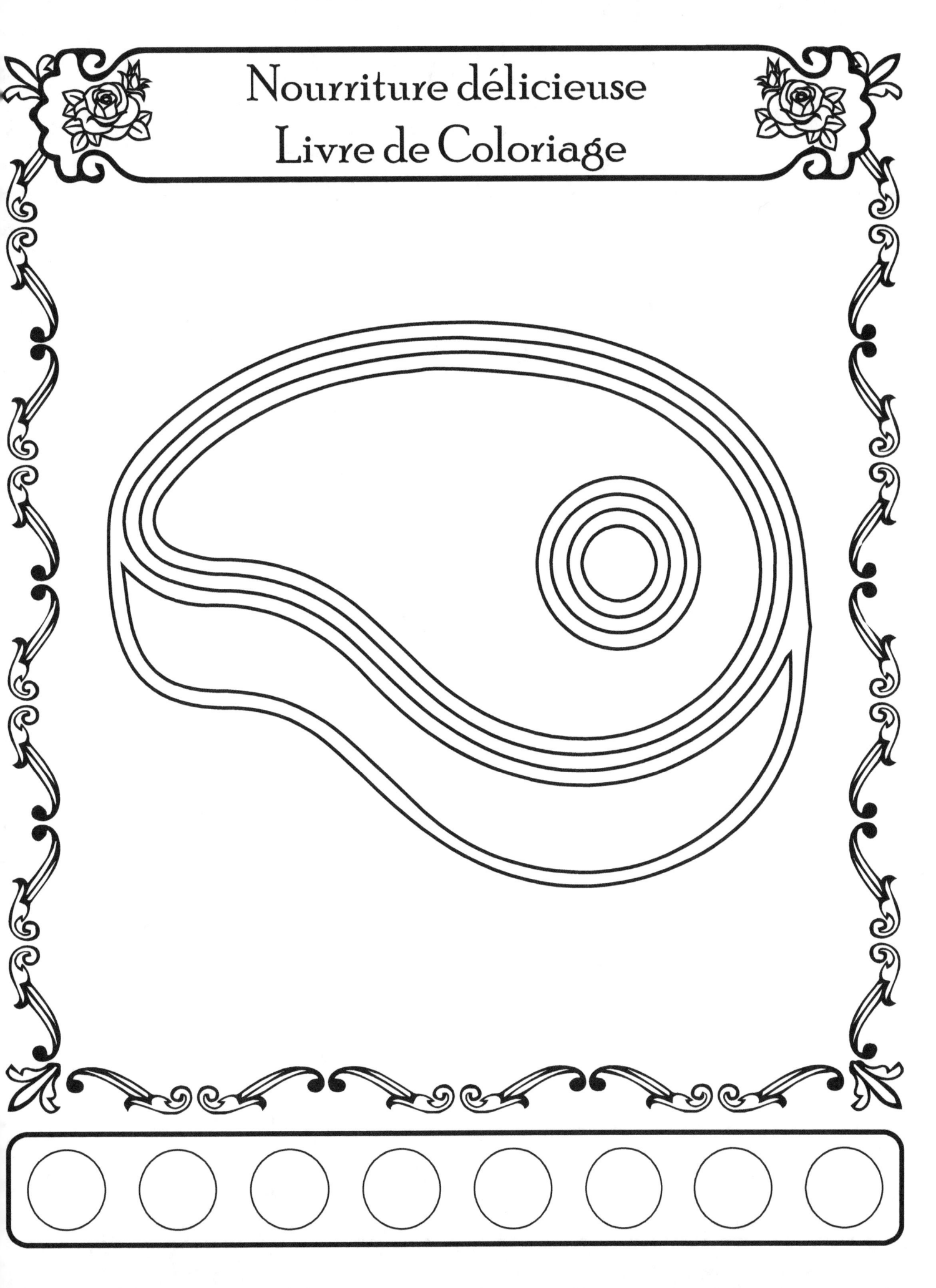

Nourriture délicieuse
Livre de Coloriage

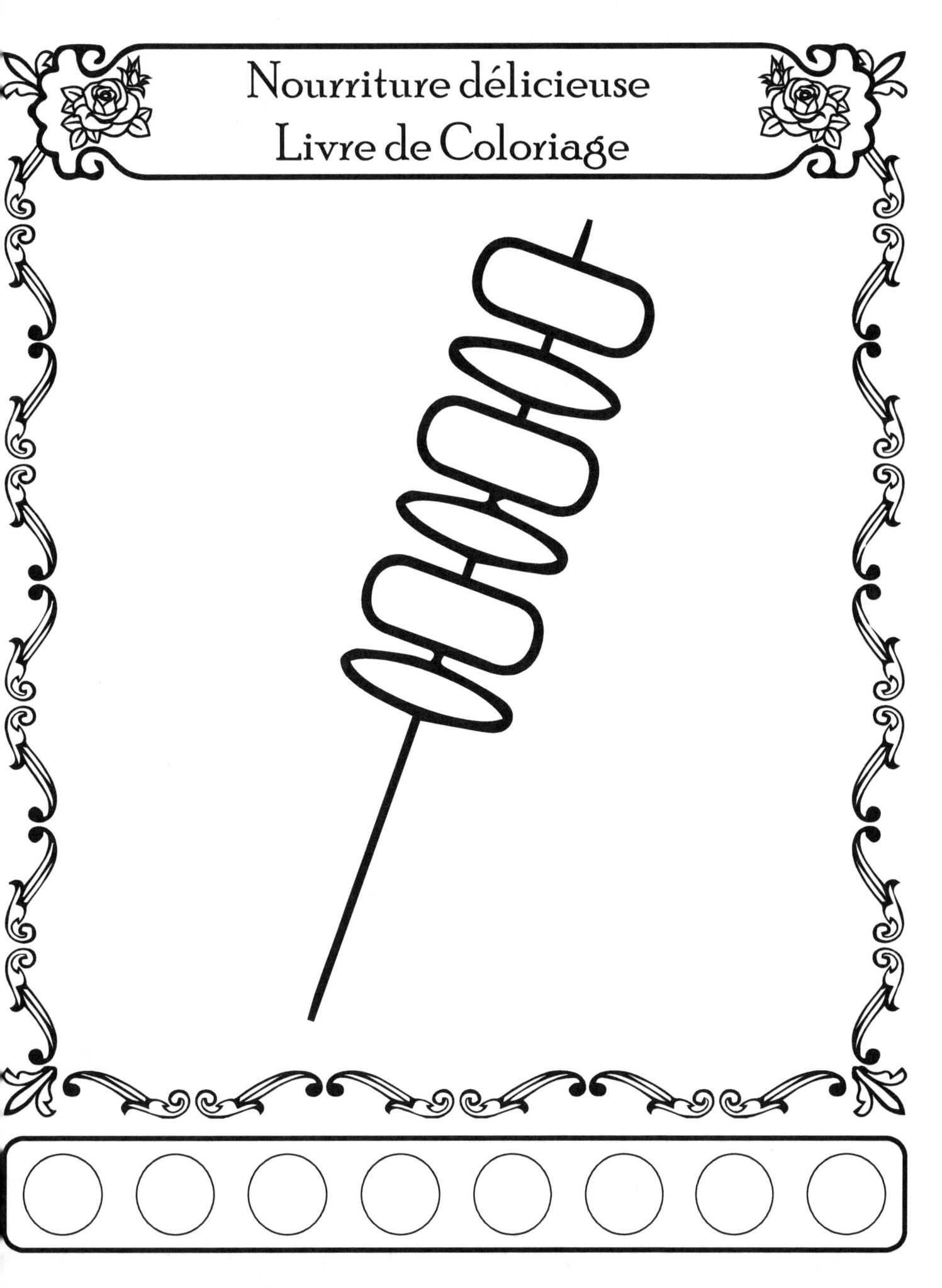

Nourriture délicieuse
Livre de Coloriage

Nourriture délicieuse
Livre de Coloriage

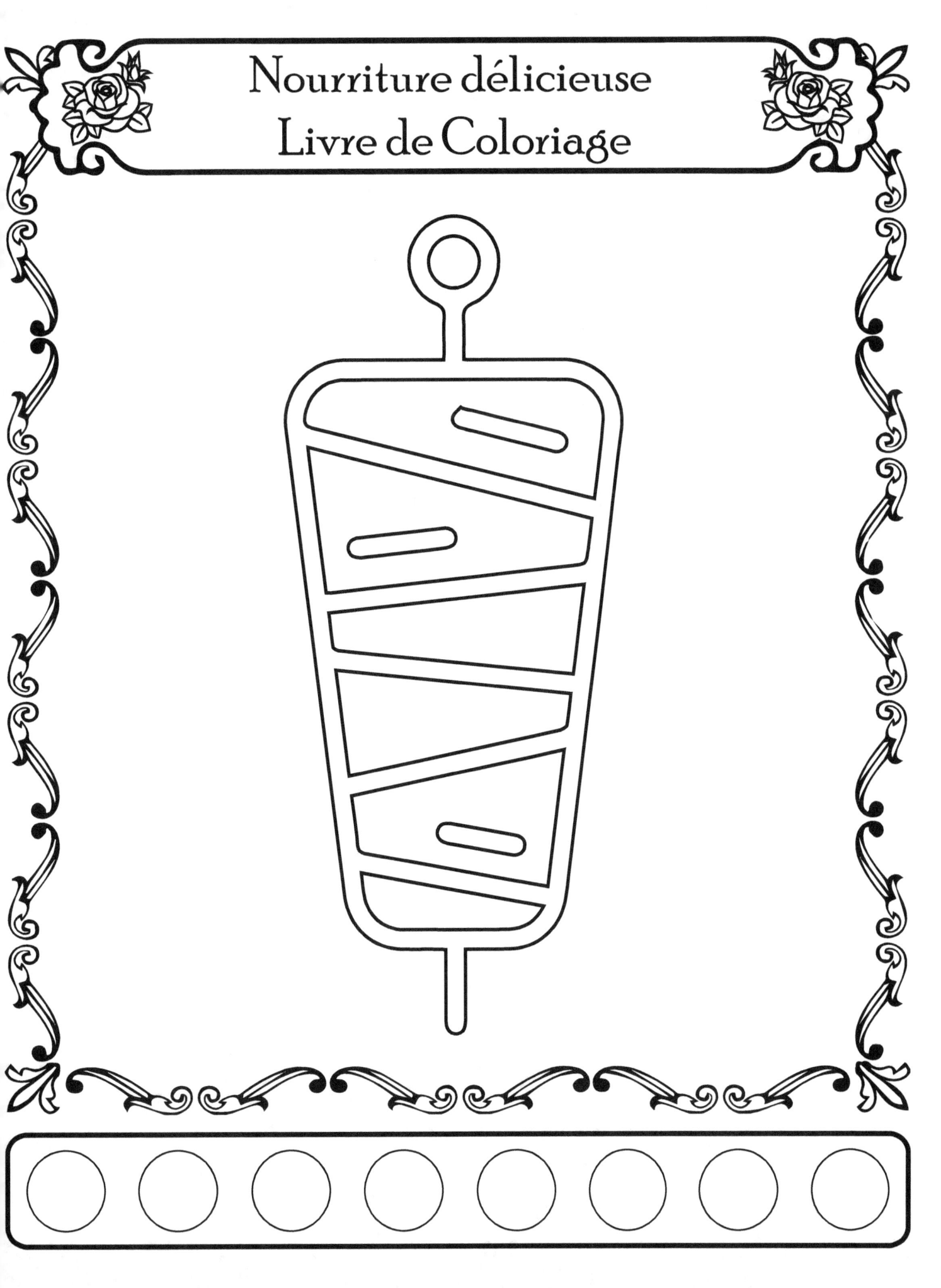

Nourriture délicieuse
Livre de Coloriage

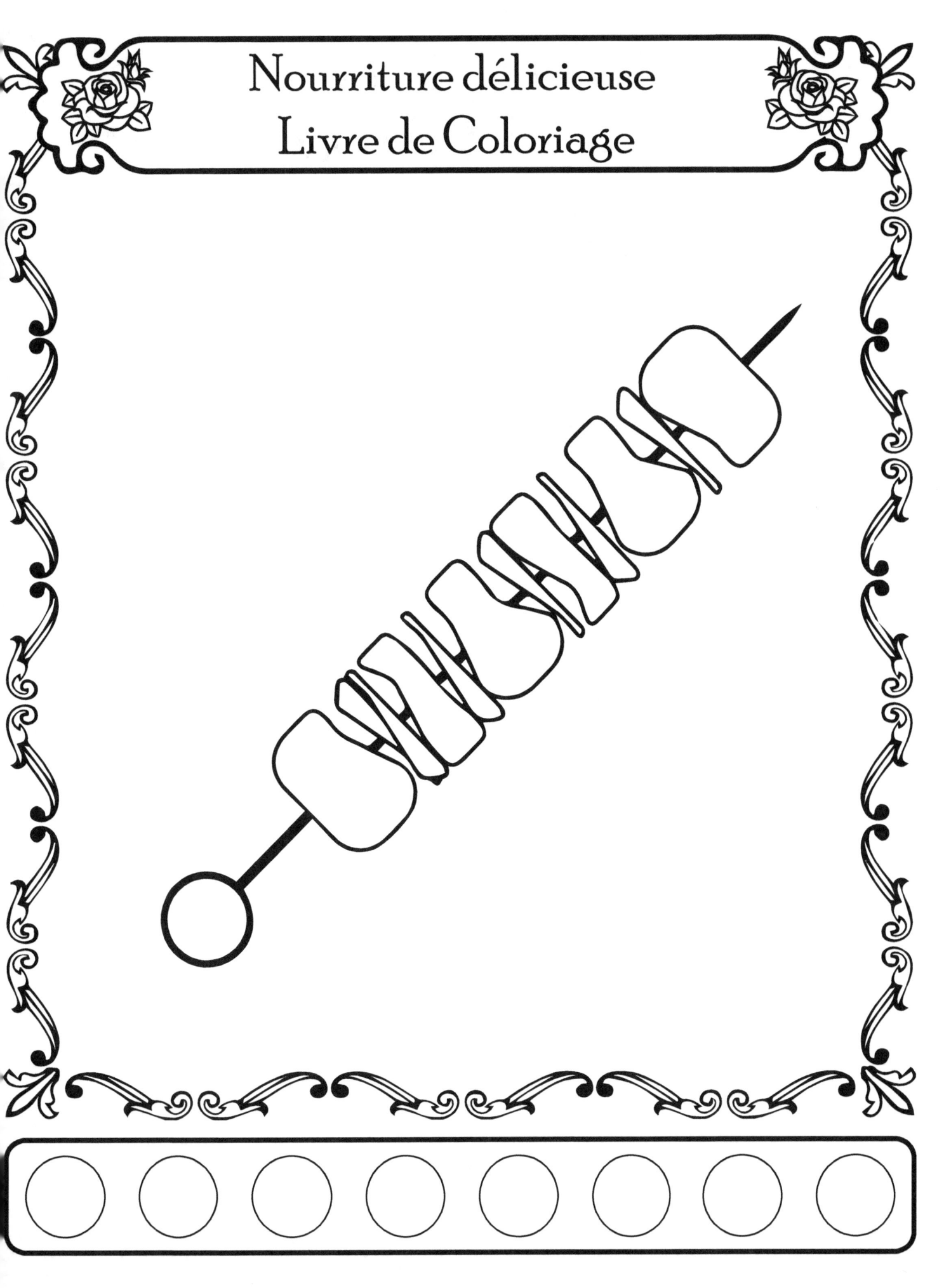

Nourriture délicieuse
Livre de Coloriage

Nourriture délicieuse
Livre de Coloriage

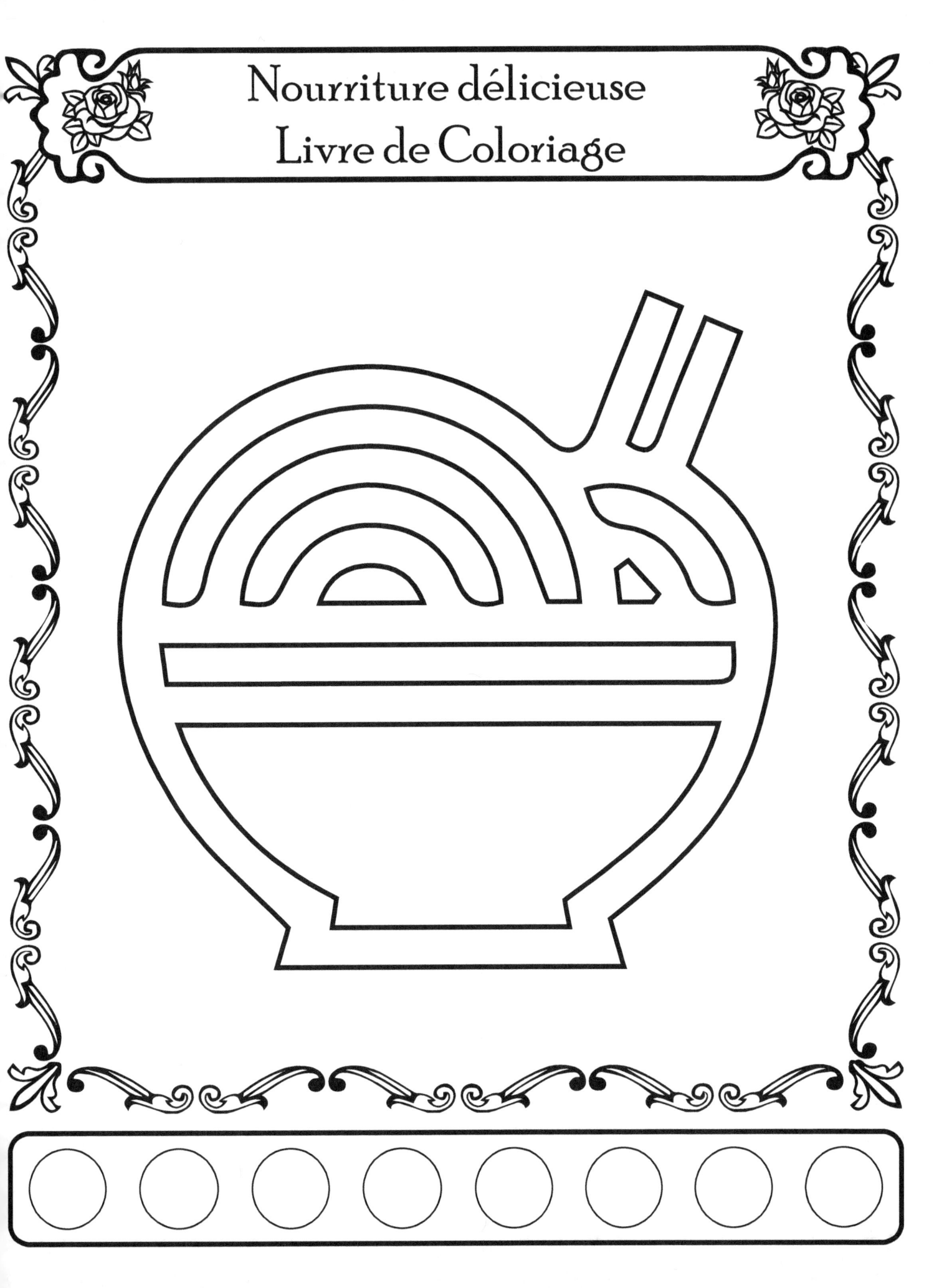

Nourriture délicieuse
Livre de Coloriage

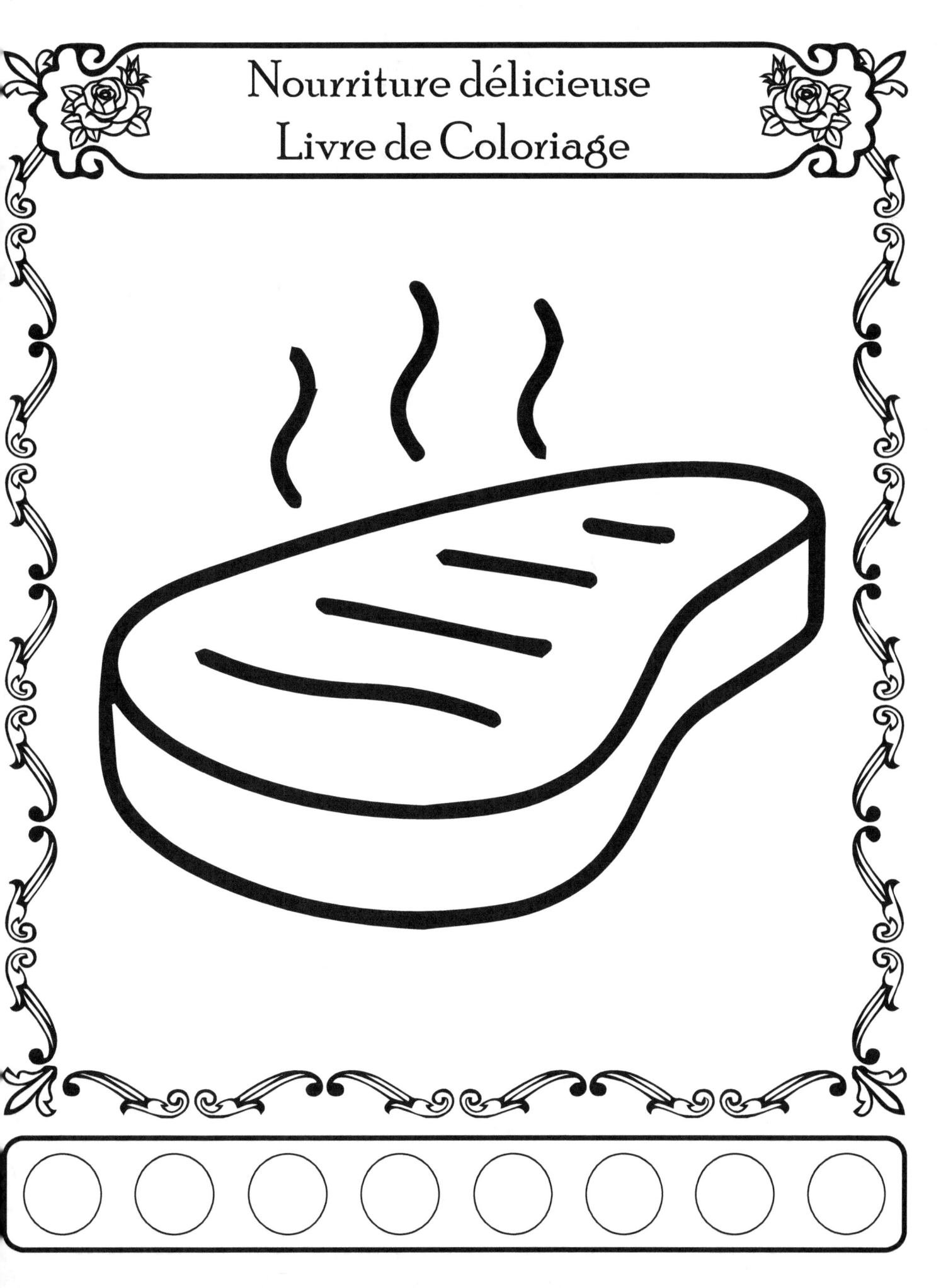

Nourriture délicieuse
Livre de Coloriage

Nourriture délicieuse
Livre de Coloriage

Nourriture délicieuse
Livre de Coloriage

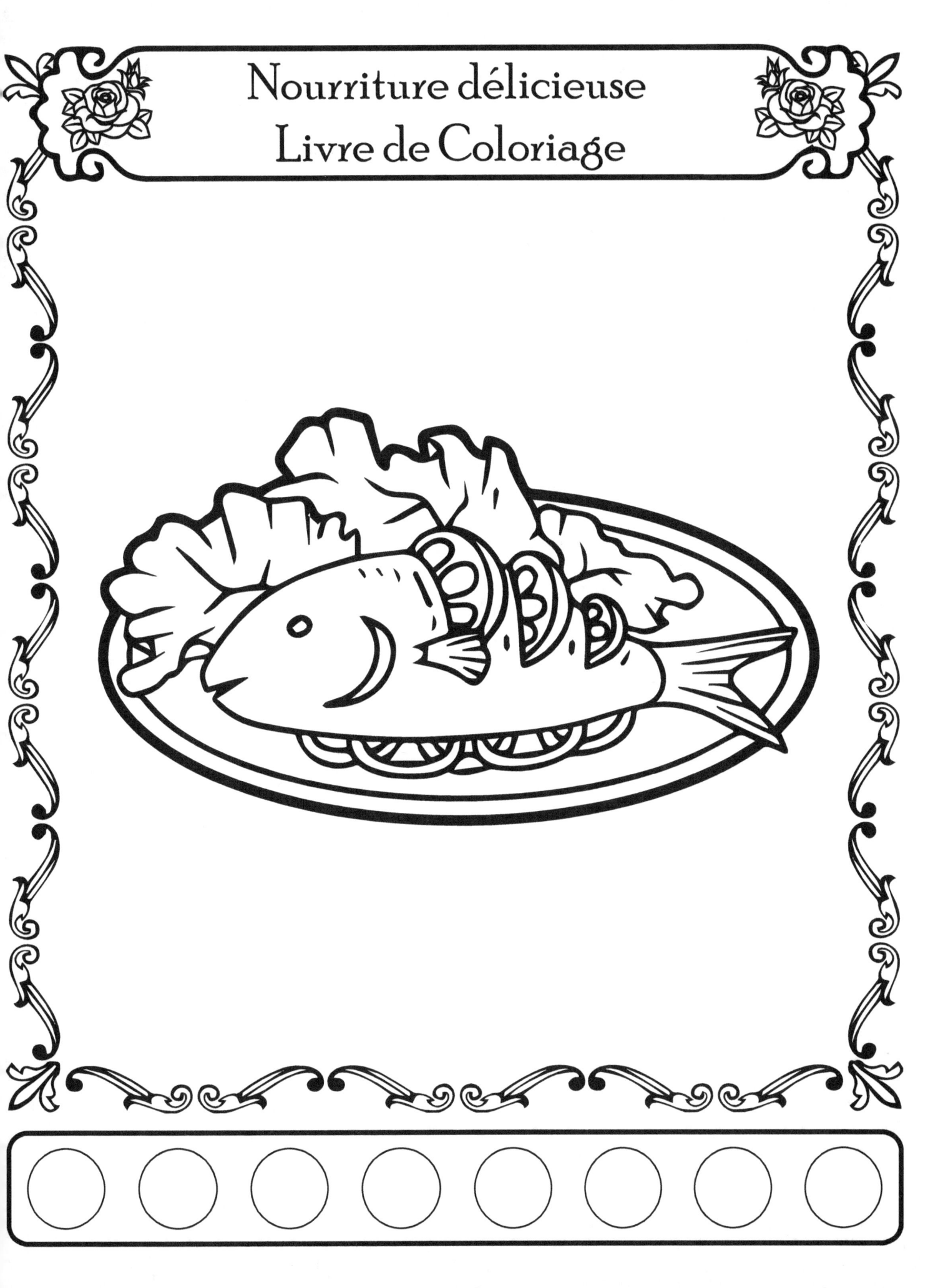

Nourriture délicieuse
Livre de Coloriage

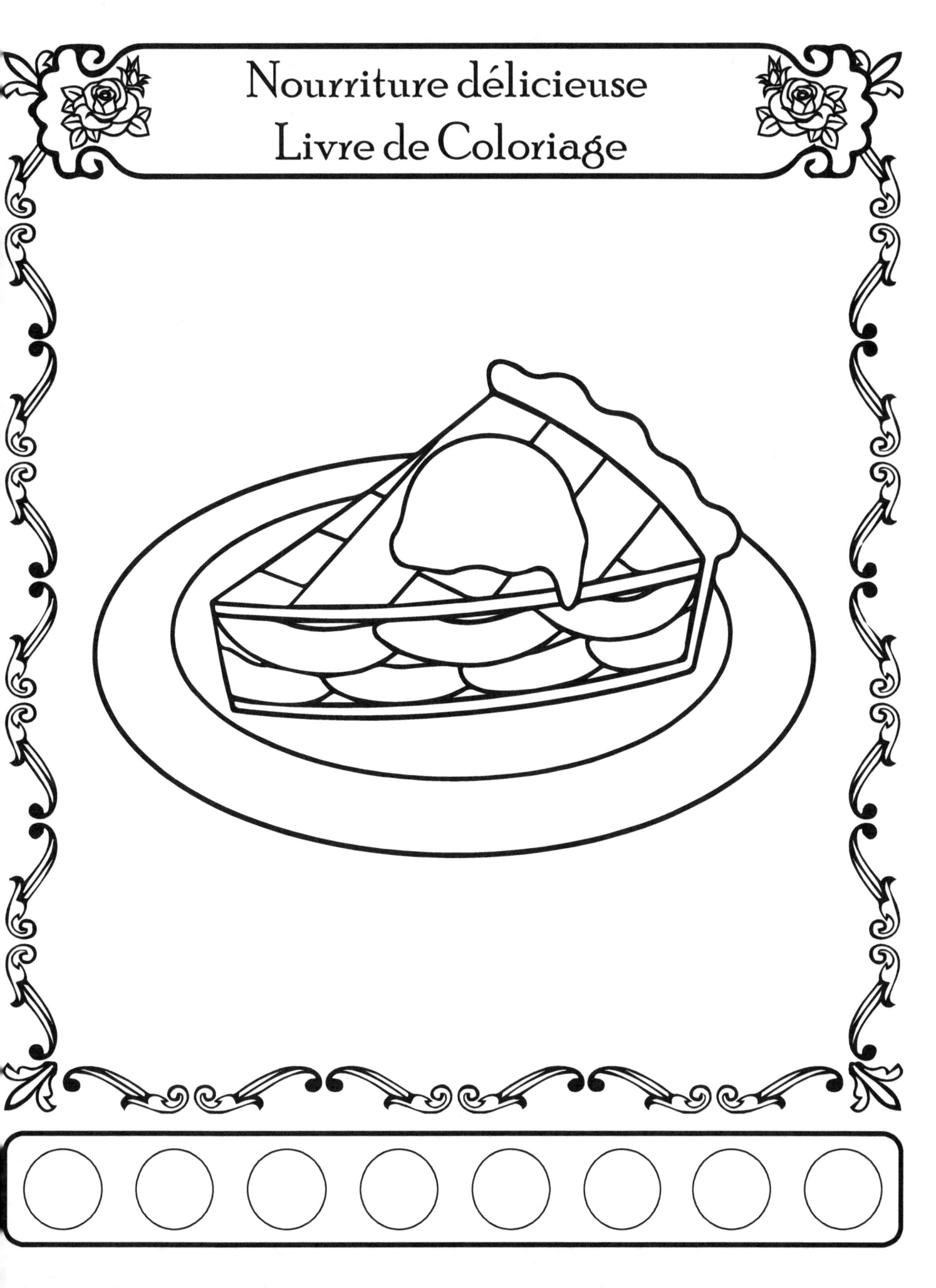

Nourriture délicieuse
Livre de Coloriage

Nourriture délicieuse
Livre de Coloriage

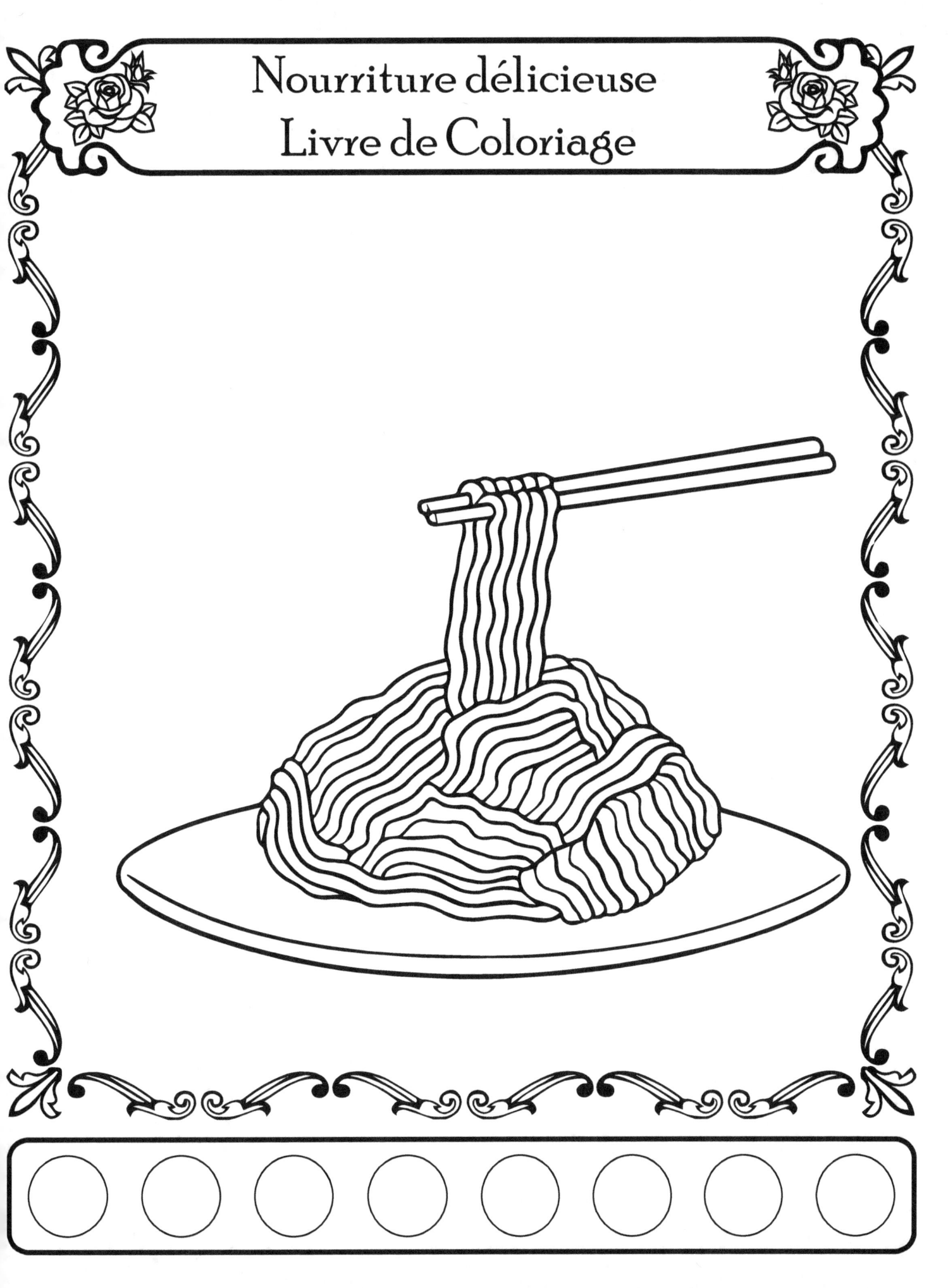

Nourriture délicieuse
Livre de Coloriage

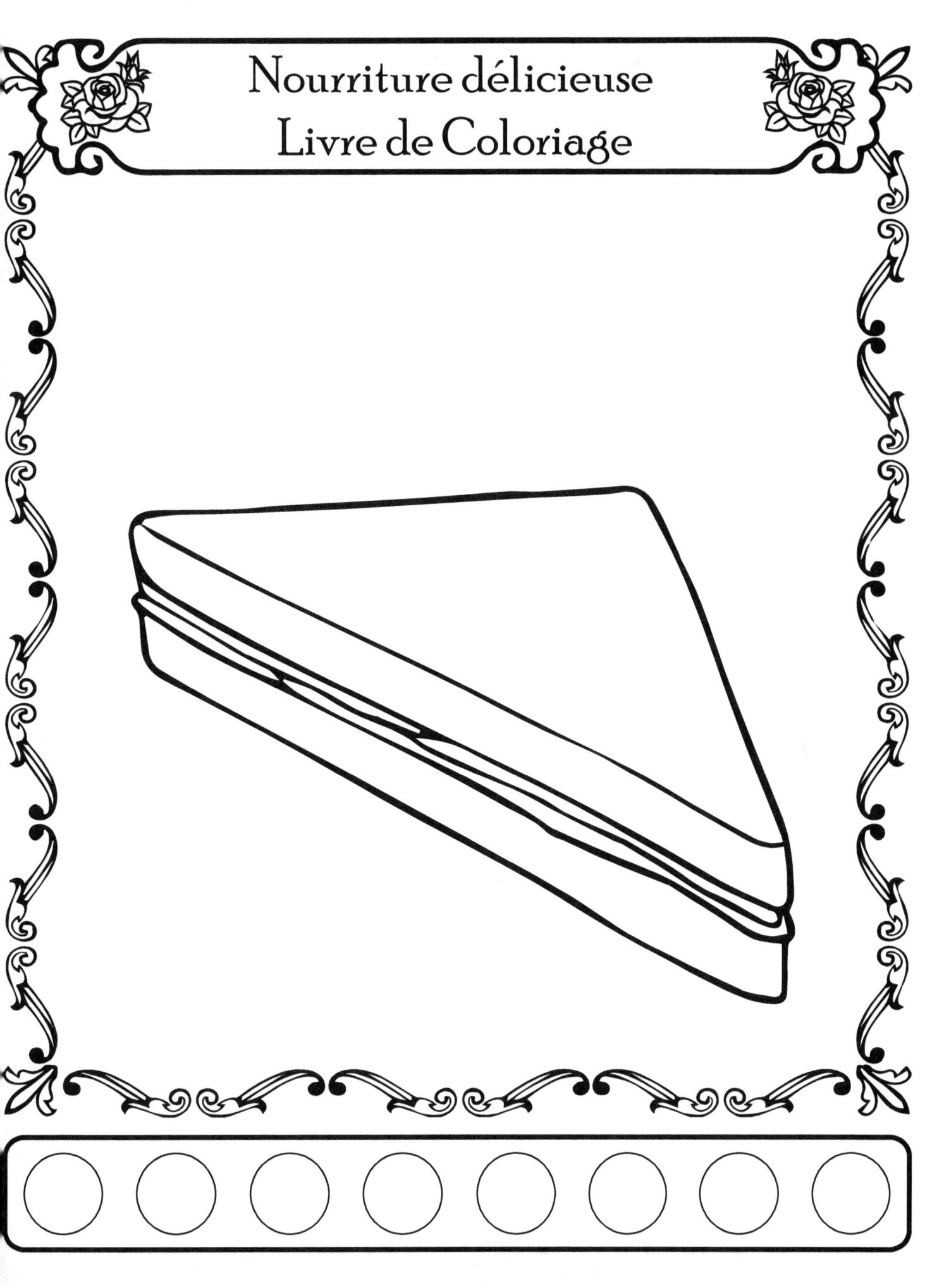

Nourriture délicieuse
Livre de Coloriage

Nourriture délicieuse
Livre de Coloriage

Nourriture délicieuse
Livre de Coloriage

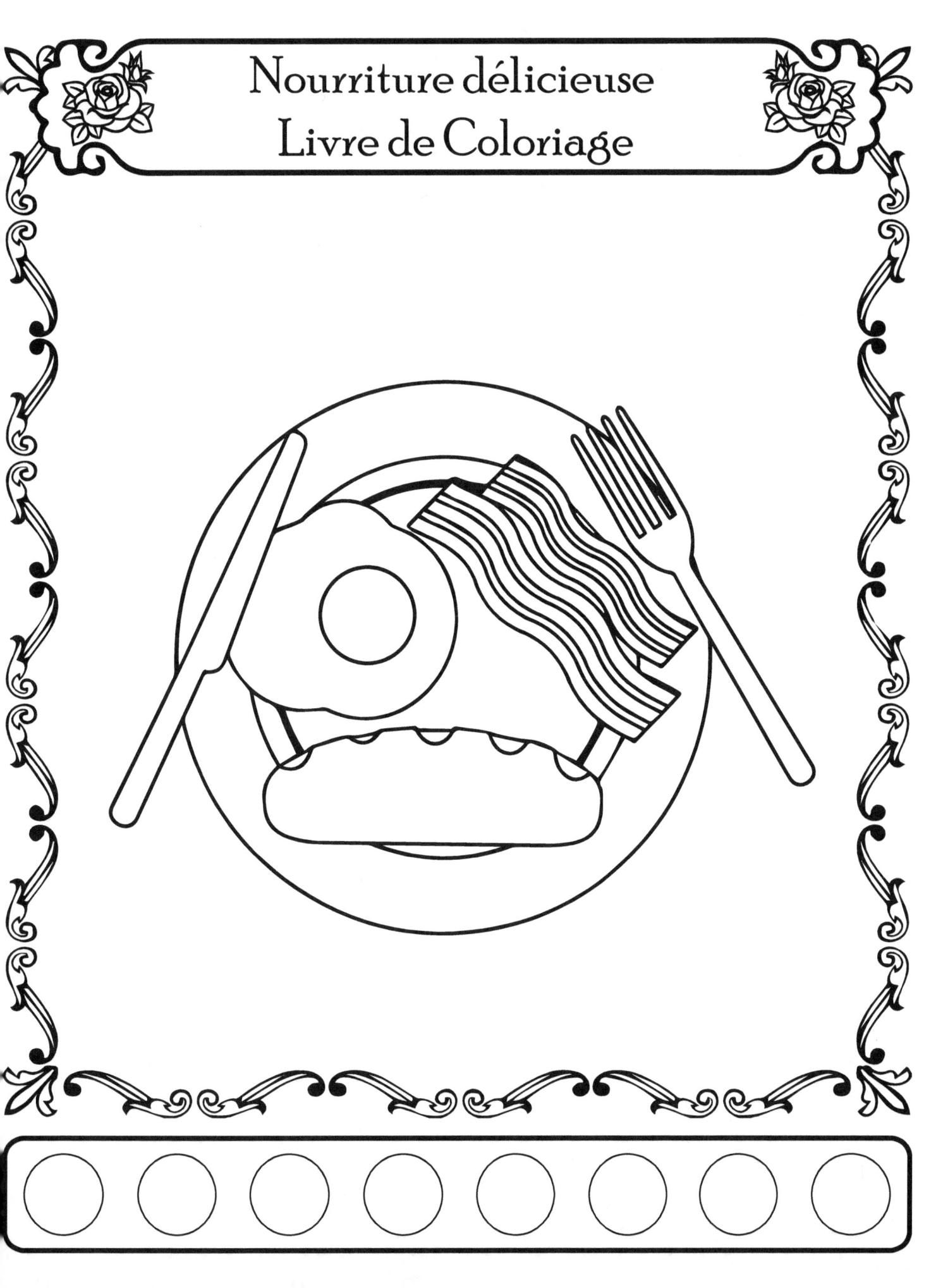

Nourriture délicieuse
Livre de Coloriage

Nourriture délicieuse
Livre de Coloriage

Nourriture délicieuse
Livre de Coloriage

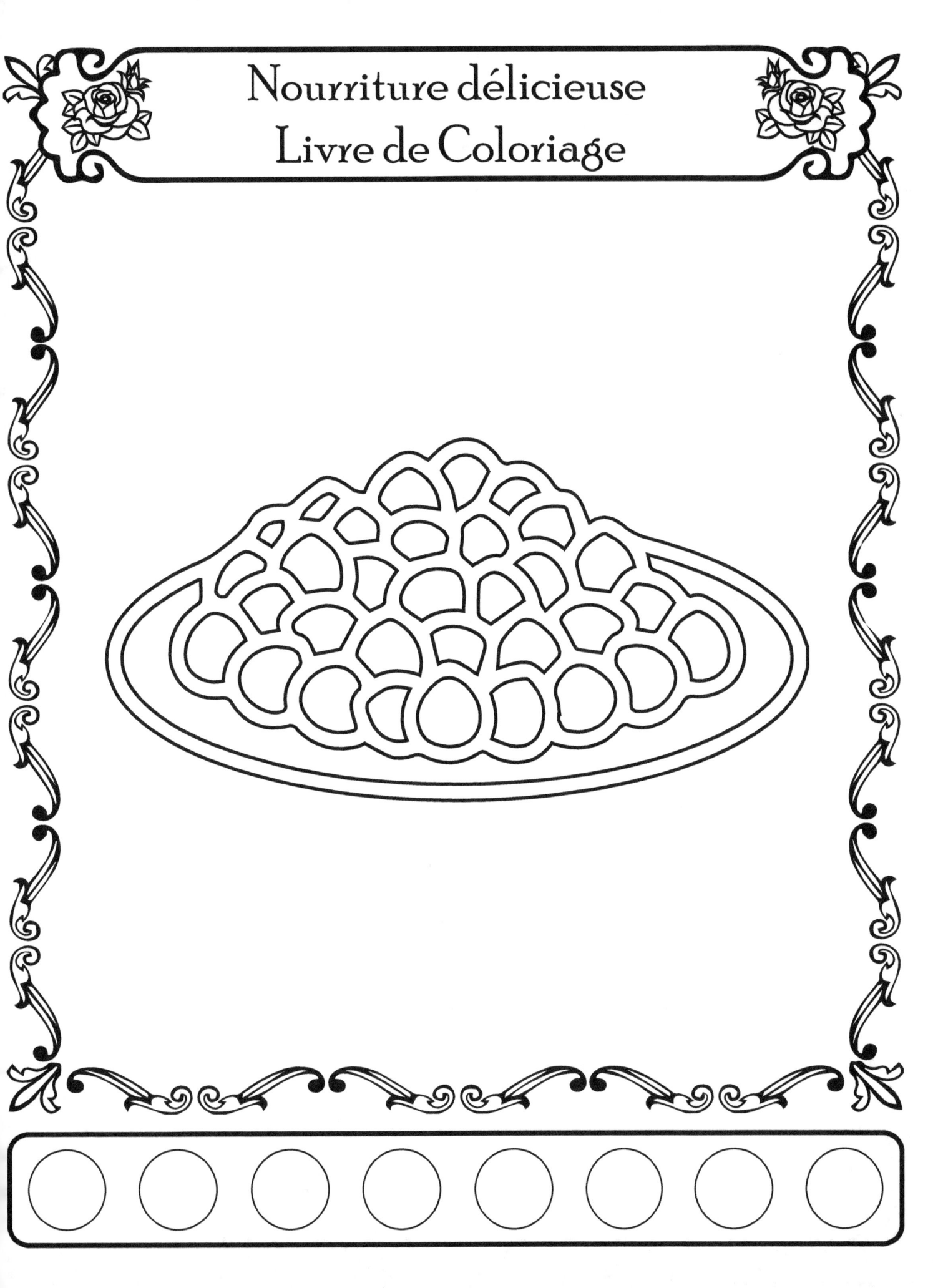

Nourriture délicieuse
Livre de Coloriage

Nourriture délicieuse
Livre de Coloriage

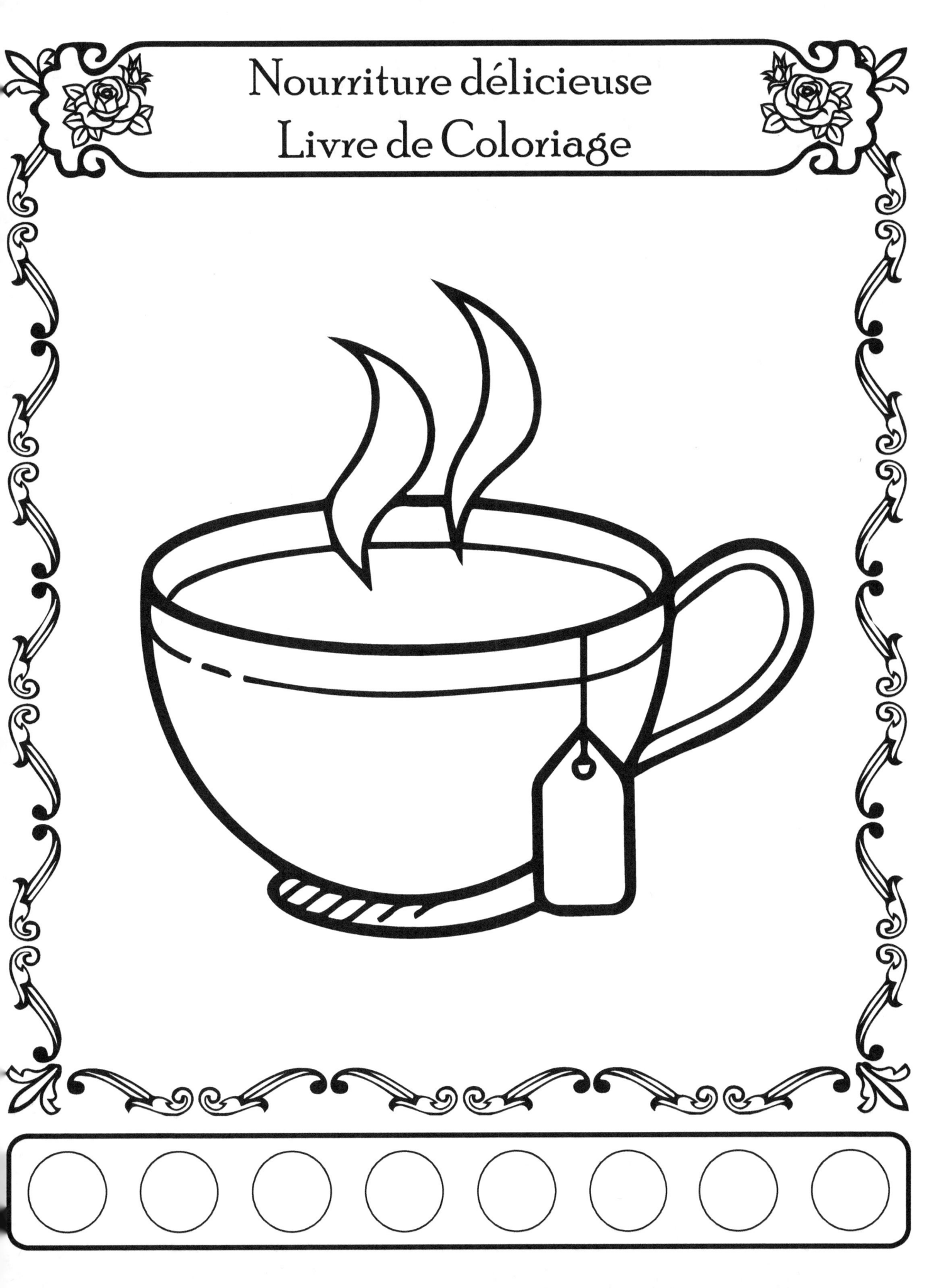

Nourriture délicieuse
Livre de Coloriage

Nourriture délicieuse
Livre de Coloriage

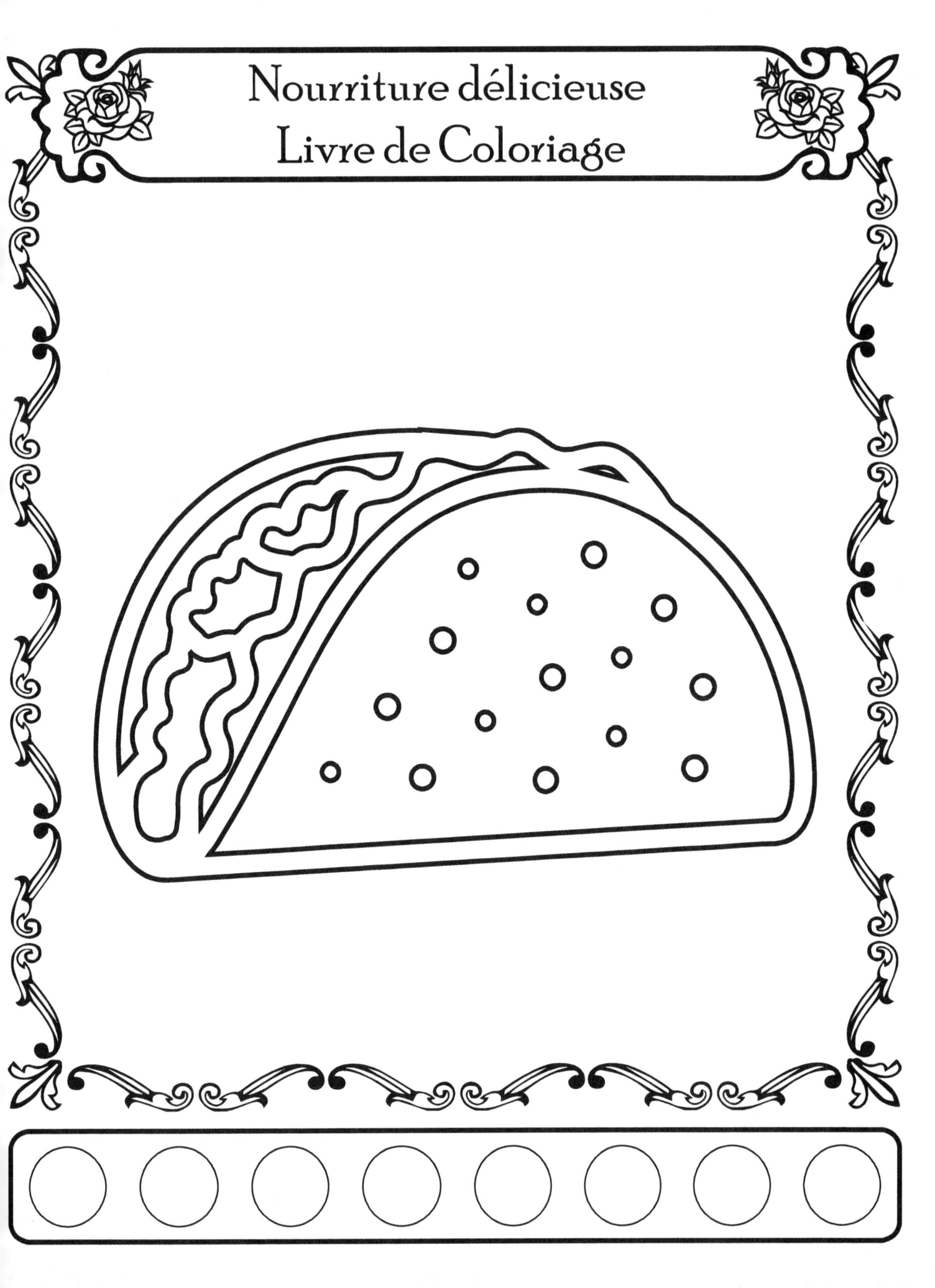

Nourriture délicieuse
Livre de Coloriage

Nourriture délicieuse
Livre de Coloriage

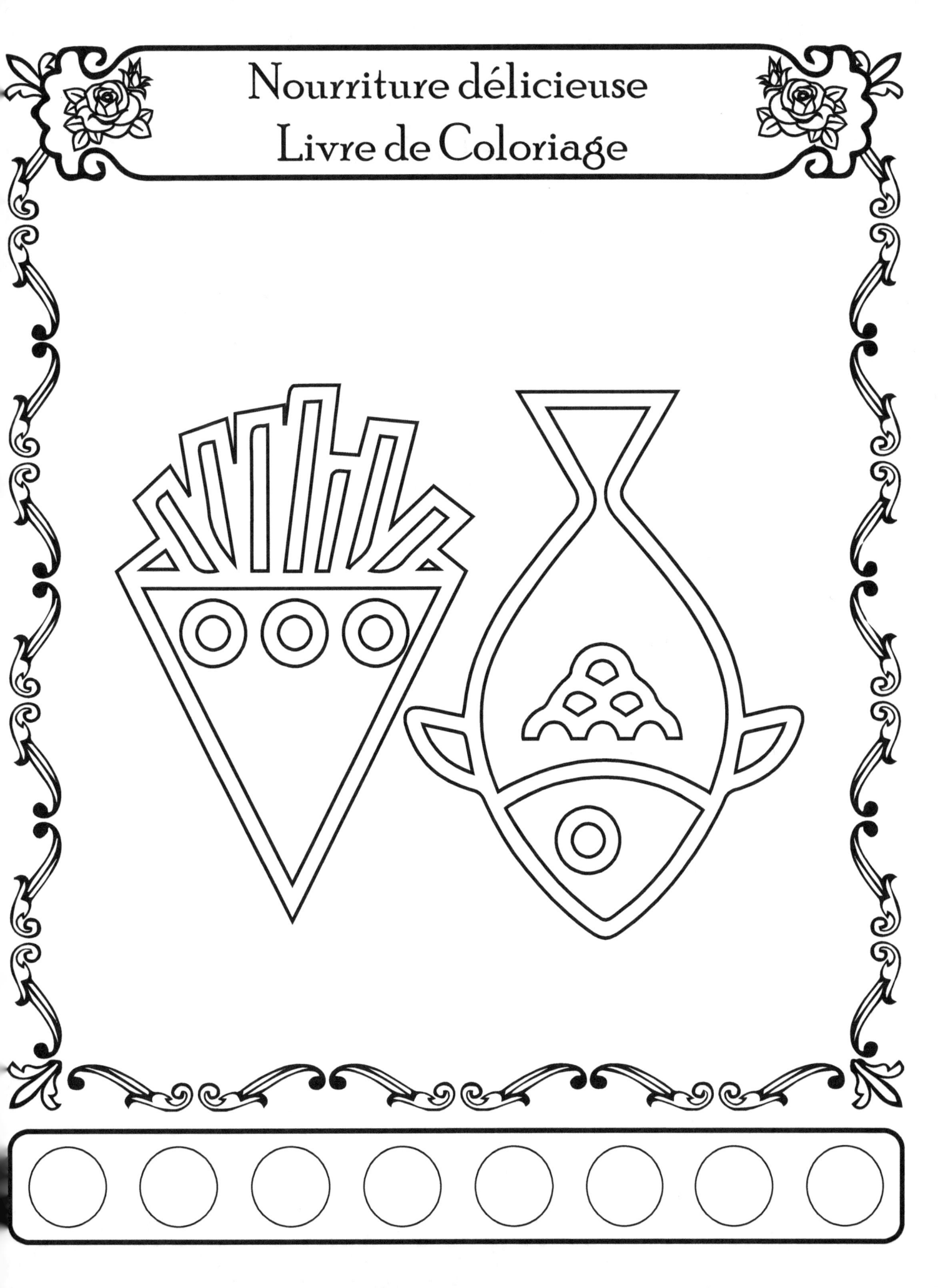

Nourriture délicieuse
Livre de Coloriage

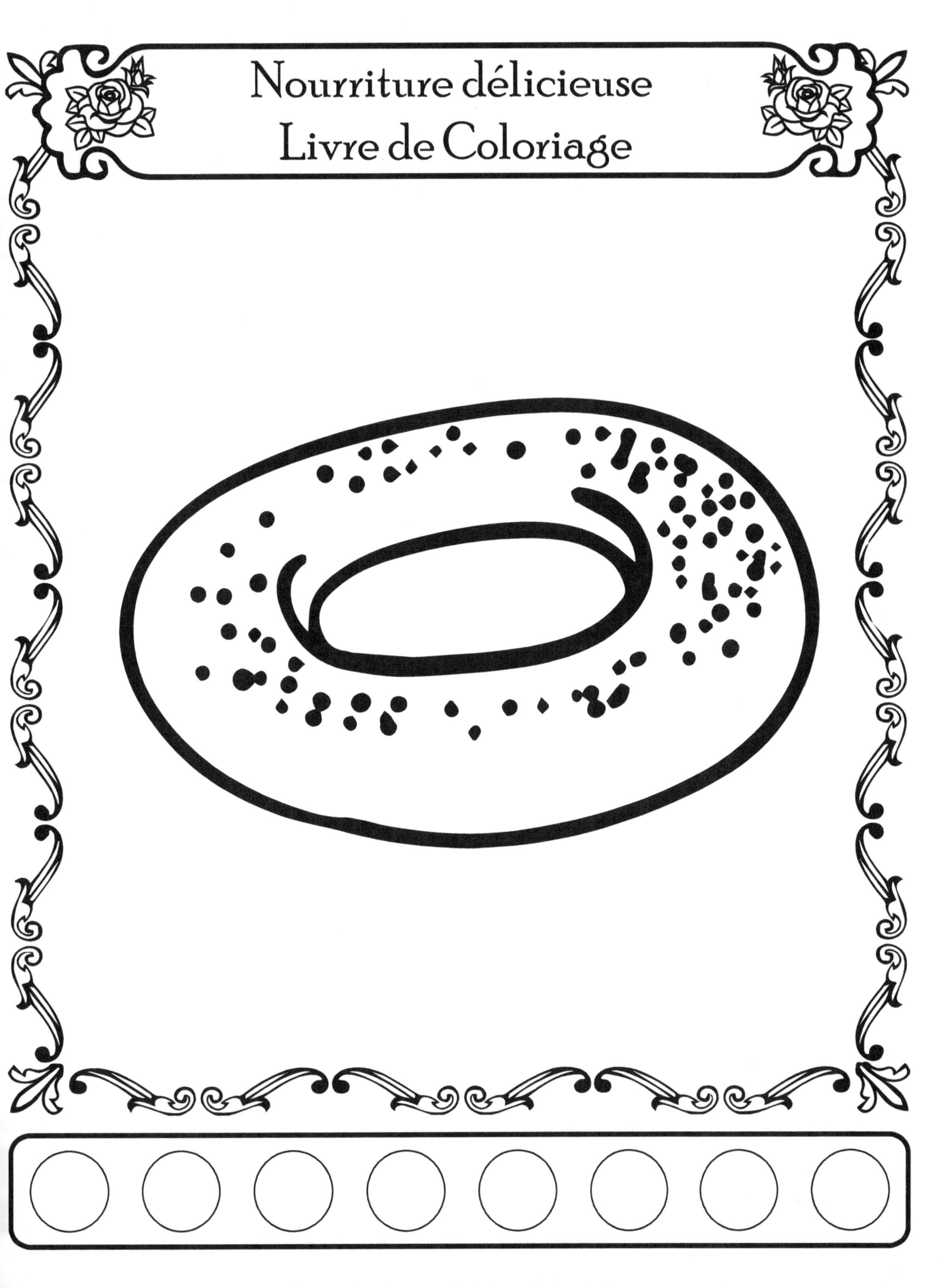

Nourriture délicieuse
Livre de Coloriage

Nourriture délicieuse
Livre de Coloriage

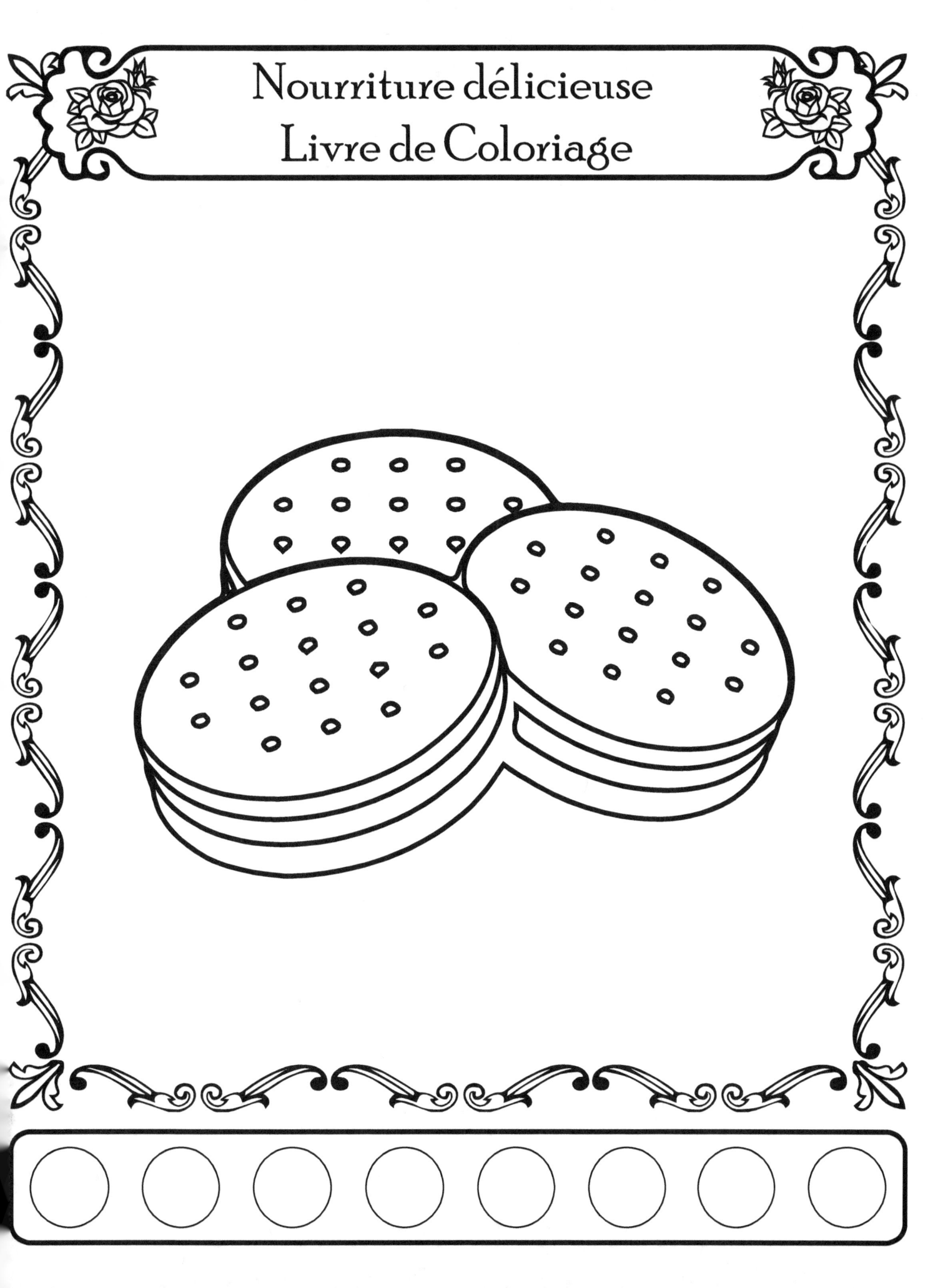

Nourriture délicieuse
Livre de Coloriage